高等职业教育教学改革创新研究

杜 芳 李 蕙 熊一心 著

吉林摄影出版社
·长春·

图书在版编目（CIP）数据

高等职业教育教学改革创新研究 / 杜芳，李蕙，熊一心著 . -- 长春：吉林摄影出版社，2022.11
　ISBN 978-7-5498-5647-3

　Ⅰ . ①高… Ⅱ . ①杜… ②李… ③熊… Ⅲ . ①高等职业教育－教学改革－研究－中国 Ⅳ . ①G719.2

中国版本图书馆CIP数据核字（2022）第229223号

高等职业教育教学改革创新研究
GAODENG ZHIYE JIAOYU JIAOXUE GAIGE CHUANGXIN YANJIU

著　者	杜　芳　李　蕙　熊一心
出 版 人	车　强
责任编辑	吴　晶
封面设计	文　亮
开　本	787 毫米 ×1092 毫米　1/16
字　数	200 千字
印　张	9
版　次	2022 年 11 月第 1 版
印　次	2023 年 1 月第 1 次印刷
出　版	吉林摄影出版社
发　行	吉林摄影出版社
地　址	长春市净月高新技术开发区福祉大路 5788 号
	邮编：130118
网　址	www.jlsycbs.net
电　话	总编办：0431-81629821
	发行科：0431-81629829
印　刷	河北创联印刷有限公司
书　号	ISBN 978-7-5498-5647-3　　　定　价：56.00 元

版权所有　　侵权必究

前　言

随着我国社会与经济的不断发展，教育事业也发生着巨大的转变。高等职业教育事业在当前的形势及政策下，取得了巨大的发展和成就，为国家人才的培养贡献出了巨大的力量。但是，在当前的发展过程中，高等职业教育在改革与发展方面依然面临着巨大的挑战。对高等职业教育教学的改革与创新思路进行了研究和分析，为当前高职教育提供一定的参考与借鉴。

为了培养出社会需要的具有创新精神的新时代专业技术人才，许多高等职业教育管理部门、职业院校以及教育学者都对教育教学的改革与创新进行了深入的研究，并且进行了积极的探索和实践，在不断发展的过程中积累了大量理论知识与实践经验。

综合以上分析可知，面对当前高等职业教育中存在的不足，需要不断加大改革创新发展力度，不断完善与创新发展机制，不断改革教育教学手段，提升教学质量，不断提升实践教学力度，不断为人才的培养创造实践机会。通过当前社会发展的实际情况，创造出符合实际情况的教学模式，促进学生的综合能力及创新能力发展，不断培养出高素质的全面型人才。

目 录

第一章 高等职业教育发展研究 ································· 1
第一节 国内高等职业教育 ································· 3
第二节 高等职业教育与工匠精神 ································· 9
第三节 高等职业教育发展驱动力 ································· 13
第四节 高等职业教育的模式 ································· 19
第五节 高等职业教育的挑战与对策 ································· 29

第二章 产教融合人才培养研究 ································· 33
第一节 产教融合的理论基础 ································· 35
第二节 产教融合人才培养模式 ································· 45
第三节 国内高职院校产教融合经典案例 ································· 53

第三章 1+X 证书制度实施初探 ································· 59
第一节 1+X 证书制度的背景与意义 ································· 61
第二节 1+X 证书制度的内涵 ································· 75
第三节 1+X 证书制度实施路径研究 ································· 81
第四节 1+X 证书制度下人才培养模式研究 ································· 89
第五节 1+X 证书制度下"双师型"教师队伍建设研究 ································· 92
第六节 1+X 证书制度的试点实践案例 ································· 99

第四章 新技术应用研究 ………………………………………… 103

第一节 "互联网+高等职业教育" …………………………… 105
第二节 慕课与高等职业教育 ………………………………… 109
第三节 虚拟现实技术与高等职业教育 ……………………… 117
第四节 大数据与高等职业教育 ……………………………… 125
第五节 人工智能与高等职业教育 …………………………… 131

参考文献 ………………………………………………………… 136

第一章 高等职业教育发展研究

第一节 国内高等职业教育

2019年初，国务院《国家职业教育改革实施方案》印发，这个方案被认为是职业教育改革发展的顶层设计蓝图，从经济发展、教育规律等层面，以提升职业教育质量为主线，提出7个方面20项政策举措。结合该方案以及我国目前经济发展形势和职业教育发展的阶段，从中可以窥探到我国高职教育未来的发展方向。

一、高质量、内涵化发展

改革开放40年来，我国高职教育经历了全面恢复、初步创立、规范发展、规模发展和内涵发展五个发展阶段。学界多认为高职教育全面进入内涵化发展阶段的标志是2006年的"示范性高等职业院校"建设。教育部早在2000年提出专业教学改革试点，其后2003年的高职高专院校精品课程建设工作，2004年的职业教育实训基地建设试点工作，2003年和2004年的高职院校人才培养工作水平评估等政策均已是在推进高职教育提升质量。到2010年，教育部又在原有"示范性高等职业院校"的基础上，新增100所骨干高职建设院校。"示范校和骨干校"建设项目使高职院校的内涵发展和辐射带动能力极大提高。

《国务院关于加快发展现代职业教育的决定》2014年下发，提出要创新发展我国的高职教育，使其向着做优做强的方向发展。教育部在2015年下发了关于职业院校教学诊断与改进制度，并且提出创新发展行动计划。启动了职业院校管理水平提升行动计划，对高职院校特色发展、教学能力和管理水平等提出指导、规划和要求。2019年，教育部继续推进此项工作，提出了实施中国特色高水平高职学校和专业建设计划的意见及职业院校专业人才培养方案制订与实施工作的指导意见，以专业群建设为核心的发展思路促进高职院校加快校企合作，进一步提升质量,向类型化教育转型。可以看出加快发展职业教育,培育质量文化,促进高职院校内涵化发展,是高职院校迫在眉睫需要解决的问题,也是其必然要发展的方向。

二、体系化、类型化发展

1985年《中共中央关于教育体制改革的决定》首次提出积极发展高等职业技术院校,逐步建立"职业技术教育体系"。1991年《国务院关于大力发展职业技术教育的决定》提出初步建立起有"中国特色的职业教育体系"。2010年,《国家中长期教育改革与发展规划纲要》中提出形成"现代职业教育体系"的构想。虽然我国提出建设职业教育体系的构想比较早,但其建设却一直处于迟缓状态。

2014年《现代职业教育体系建设规划》提出要"探索发展本科层次职业教育""引导一批普通本科高等学校向应用技术类型高等学校转型,重点举办本科职业教育""系统构建从中职、专科、本科到专业学位研究生的培养体系"。职业教育的体系化建设节奏加快。次年,教育部下发《关于引导部分地方普通本科高校向应用型转变的指导意见》,这个意见极大地推动了应用型本科与中等职业教育、专科层次高职教育的衔接。2019年,教育部同意15所"职业学院"更名为"职业大学",成为本科职业院校,使本科层次职业教育向前迈向重要一步。目前为止,我国初等职业教育逐渐消失、体系底部抬高,本科层次职业教育开始显现,专业学位研究生教育逐渐成熟、体系短板补齐。

职业教育内部体系化的形成推动职业教育类型化发展,2019年《国家职业教育改革实施方案》中进一步明确了职业教育的类型化教育特征。将其与普通教育区分开来,指出两者同等重要,但并不相同。作为一种类型教育,高职教育与本科教育呈现明显差异,随着"高职高考"制度的逐步建立、"双师型"教师队伍的构建、实验实训基地建设和高比例实践课、学分银行制度、1+X证书制度、技能大赛和职教活动周、校企合作等举措的落实。将进一步促进职业教育特色办学的制度和政策的完善，深化高职教育的类型化发展。

三、校企一体、产教融合

职业教育一个显著特点是校企合作、产教融合，将培养"职业能力"作为核心，都极其注重和加强学生在企业的实践活动。2010年我国《国家中长期教育改革和发展规划纲要》提出要制定校企合作办法法规，促进校企合作制度化发展。2014年，国务院提出了深化校企合作、产教融合，完善校企合作育人的机制。订单式培养模式和现代学徒制是推进校企合作的两个主要模式，从2015年8月，教育部遴选现代学徒试点单位以来，全国已经有562家单位成为现代学徒制试点单位。通过试点单位深化和推进产教融合，促进"引企入教"和"引教入企"。2018年，国家发布《职业学校校企合作促进办法》，这个办法为校企合作提供了合作模式，并且从制度上提出校企合作的促进措施和监督检查机制。

2019年，配合职教改革方案的实施，国家发展改革委和教育部研究制定了《建设产教融合型企业的实施办法（试行）》，遴选出第一批培育的24家产教融合型企业，并指出力争到2022年培育1万家左右产教融合型的企业。国家从政策层面促进企业在专业设置、课程教材、培养方式和岗位资格认定等。教学实践上有更多主动性和自主权。助推更多企业把握全球产业发展、国内产业升级新机遇，主动推动高职院校专业建设与产业发展相适应，真正将校企联合育人的职业教育特色落到实处。

四、普及化

从高等教育的发展规律和高职教育特殊类型及其承担的重要使命来看，我国高职教育未来将走向普及化。"世界高等教育发展经历了精英化时代、大众化时代和普及化时代。"这里所说的普及化主要指的是入学率和总体规模，高职教育的普及化也是从这个层面来说的。高等职业教育是高等教育的重要组成部分，也是构建学习型社会和终身教育体系的关键链条。高等职业教育在成人高等教育和社会各类劳动力资源的职业教育上有更强的灵活性，比普通本科教育在入学方式、就读方式等方面有更加多样的形式，因而其普及化的优势较为明显。

国际上把一个国家的高等教育毛入学率分为精英教育、大众教育和普及教育，三个级别对应的高等教育毛入学率分别是低于15%、15%~50%和高于50%。2019年。我国高职教育面向新型农民工、退役军人等扩招100万，这个扩招政策推动我国高等教育毛入学率突破50%，迈入教育普及化阶段。目前国际上有17个国家高等教育毛入学率超过80%，35个国家毛入学率在60%~80%，12个国家毛入学率在50%~60%。我国未来高等教育毛入学率提升空间非常大，按照高职教育在高等教育中的占比，其未来发展也将走普及化道路。我国《高中阶段教育普及攻坚计划》提出将逐步引导50%的初中毕业生毕业以后进入到职校。另外，我国2018年高考考生约有47%进入高职学校。未来，随着高职教育的进一步发展，其普及化的趋势将会越来越明显。

五、国际化

全球经济正在加速融合、高度关联，产业的国际化要求教育必须面向国际，对于承担着输送制造业人才和高端技术人才的高职教育来说，其发展也必将走国家化道路。据统计，我国2017年，高等职业院校共招收全日制国（境）外留学生1.15万人，比2016年增长了65.2%。2017年全国高职院校非全日制国（境）外人员培训量超过85万人日，是2016年的2.2倍。2017年专任教师在国（境）组织担任职务人数为876人，专任教师服务走出去企业国（境）外指导时间超过10人日的高职院校达到353所，178所高职院校的学生在国（境）外技能大赛中获得735个奖项。虽然增速很快,但是其体量却依然比较小。

《中国教育现代化2035》提出我国教育应该积极参与国际教育的规则、标准,参与研究制定评价体系。发达国家高职教育不仅在学生交流上追求国际化,而且在教师交流、专业布局和院校建设等各个方面均有国际化视野。其国际化引进来、走出去的成功经验值得借鉴,也是我国高职教育未来发展的方向。

六、信息化

全球正处于信息化时代,"一带一路""互联网+"、大数据、云计算、人工智能、智慧校园和教育扶志等是时代主题。教育信息化是顺应时代发展要求,培养符合时代需求的合格人才以及提高教育资源利用率的必由之路。《中国教育现代化2035》就提出要加快建设教育信息化,构建智能化校园、一体化智能化教学和管理服务平台。

早在2010年,教育部就提出了高职院校专业教学资源库建设项目。2015年,教育部下发《职业院校数字校园建设规范》,到目前为止,已经公布了三批"职业院校数字校园建设实验校"名单,累积有428所院校入选。2017年,教育部提出了指导意见,进一步推进职业教育信息化发展。2018年教育部发布《教育信息化2.0行动计划》。除此之外,国家连续三年印发《信息化和网络安全工作要点》,指导和推动职业院校的数字资源应用共享项目、"职业岗位核心能力精品课"的建设和职业教育专业教学资源库建设。教育部通过多项政策使优质专业教育资源惠及更多院校,大力推进教育信息化工作,促进精品课程、数字校园和智能教育发展。信息化不仅是时代的主要发展方向,也是职业院校适应社会发展,提高教学能力和教育资源利用率的主要方式,是其主要发展趋势之一。

第二节　高等职业教育与工匠精神

伴随着我国教育体制改革的稳步推进以及现代教育思想的深入推广，职业教育在我国教育体系中所占的地位越来越高。尤其是在创新实践型人才培养的要求下，如何就现有高职教育模式进行创新，已经成为高职教育发展过程中面临的主要问题。对此，本节基于高等职业教育工作中十分重要的工匠精神培育工作，详细阐述了增强高职学生工匠精神的具体策略，旨在给予广大高职院校可行的帮助和建议，并且要以此促进高职教育事业的进一步发展和进步。

一、高等职业教育中工匠精神的基本概念和主要内容

（一）精益求精的务实精神

在《大学》中，"如切如磋者，道学也"，明确指出了精益求精的务实精神在人思想中的重要地位，对此，务实精神同样也是高职教育工匠精神中的关键一环。其中，务实精神不仅包括对于工作岗位专注、负责踏实的工作态度，同时也涵盖坚持创新和挑战自我的奋斗精神，是学生从事职业工作的基础素质。

（二）严谨专注的质量精神

在我国基础生产工作中，保障产品质量始终是确保行业持续发展的关键前提，因此，对于高职学生来说，质量精神同样是其工匠精神中的重要组成部分。所谓的质量精神，一方面可指对产品质量不断突破的进取意识，另一方面也包括认真工作，始终坚持把工作做到完美的耐心工作态度。

（三）虚心认真的协作精神

在职业工作中，团队协作往往是决定各项生产工作中生产效率的关键因素。因此，在培育高职学生工匠精神时，也应就其虚心认真的协作精神进行培养，

即引导学生具备充足的责任意识，并且在坚持做好自身岗位工作的基础上不断地进行职业上的交流，最终以此确保各项工作的协调进行。

（四）执着坚持的敬业精神

就职业工作中遇到的问题进行大胆质疑，并坚持做好本职工作，这是工匠精神中敬业精神的主要体现。对于高职学生来说，很多学生并非不具备充足的职业能力，而是缺少应有的职业精神，所以，只有进一步激发学生的岗位责任意识，并且帮助他们形成较强的工作观念，才能确保其从事工作的积极性，保障职业工作的效率和质量。

二、高等职业教育中培育学生工匠精神的有效路径

（一）打破传统育人观念，提高职业社会地位

基于以往社会对于工匠职业的不认可和不重视，应进一步加强工匠文化宣传，逐步提升社会公众对于工匠职业的尊敬。为构建和谐的工匠精神培育环境，应该逐步就工匠人才选拔渠道进行拓宽，并且借助媒体手段广泛宣传工匠事迹，进而在提升了工匠职业社会知名度和认可度的基础上有效促进高职院校工匠精神培育思想的真正形成。

（二）加强企业文化宣传，调动人才创新热情

在高职工匠精神培育过程中，企业文化往往发挥着较大作用。一方面，通过校企合作为企业树立良好的企业形象，最终在实现校企双赢的合作模式下，有效促进企业人才培养渠道的进一步拓宽；另一方面，在可持续发展思想指导下积极参与高职人才培养事业，进而在不断打造民族品牌的过程中营造良好的企业工匠氛围，以此为高职学生提供健康的实践学习环境，并在促进学生职业精神有效提高的基础上确保传统工匠精神的广泛传播和长久延续。

（三）优化院校教育机制，创新人才培养思想

在校方层面，基于高职院校在我国教育改革事业中的所占地位，院校领导

要逐步就自身教育责任进行明确。在不断转变自身教育思想的基础上有效构建完善的人才培养方案,进而通过系统的职业教学有效为学生孕育良好的工匠精神培育环境,并以此促进学生职业素养和思想道德的全面提升。与此同时,针对高职教师在日常教学中的重要影响,要进一步加快师资力量建设,逐步提高现有教师的专业素养,使其既能够严格按照学校规定完成基本教学任务,又能够不断就教学模式进行创新。为学生提供最及时的职业教学服务,最终为学生树立良好的人生榜样,并在激发学生工匠意识的基础上有效促进学生探究奋斗意识的全面提升。

(四)完善人才培养模式,构建健全制度环境

为保障工匠精神培育工作有序开展,应在现有国家政策基础上不断为学生创设和谐的实践学习环境,进而在确保学生切身利益的基础上使学生拥有充足的实践学习机会,并最终以此促进学生实践能力和职业素养的有效提升。同时,要积极学习国内外的优秀职业教育经验,尽快在结合国内职业教育发展情况的基础上构建更加完善的职业教育制度体系,进而在突出学生自主创新意识培养的同时有效构建以"校企合作、工学结合"为核心的实践教学体系。除此之外,针对实际高职实践教学过程,要进一步就校企合作内容进行拓宽,除了可鼓励学生进入企业实习外,还应该要求高职教师定期进行企业培训,以此确保职业教育的实践性。

(五)改善学徒教育机制,明确人才培养流程

在现代高职教育思想指导下,包括现代学徒制在内的全新教育机制已经得到了人们的重视和认可。对此,高职院校要进一步就原有实践教学机制进行创新,通过不断明确人才培养流程和学生评价体系来保障实践教学的具体教学水平。一方面,针对学徒教育过程,考虑到学徒教育多由企业师傅和学校教师双方共同进行教学,因此除了应严格按照《中华人民共和国教育法》对职业教师的从业资格进行明确外,还应借助"企业培训师资格"等相关规定就企业师傅

的教学资格进行考核；另一方面，针对学生评价体系，应该逐步打破以往唯分数论的评价形式，尽可能地在综合考量学生实习表现和学习成果的基础上，保障学生评价的准确性和科学性。

综上所述，本节基于高等职业教育，详细阐述了在高职教育中培育学生工匠精神现存问题和改进策略，针对工匠精神对高职学生从事职业工作的重要影响。进一步明确工匠精神的培育思想，并在不断优化高职教育环境、健全高职教育制度的基础上，有效创新高职实践教学形式，全面培养学生的职业素养和思想意识，才能实现高职院校与社会企业的合作共赢并且促进高职教育事业的持续发展和健康进步。

第三节　高等职业教育发展驱动力

在高等职业教育发展的历史中，主要存在技术因素、经济因素、教育因素、社会因素四大驱动因素。它们具体的作用机制分别是：技术革新驱动了高职的产生与发展；产业升级推进了高职内涵的延拓；高等教育大众化助力了高职规模扩张；社会稳定需要高职提供助力。新时期我国高职教育应从以下三个方面正确看待与处理自身发展的驱动因素，包括了正确认识多因素驱动高职发展，促进驱动高职发展的多因素融合用力，顺应人工智能时代技术升级的历史趋势。

高等职业教育是我国现代职业教育体系的重要组成部分，承担着为社会经济发展培养高端技术技能人才的重要责任。随着《国家职业教育改革实施方案》的颁布与逐渐落实，"双高计划"名单的公布，高等职业教育需要更加自觉地思考自身的使命并调整自己的定位与布局。所以，对高等职业教育发展的驱动力进行更深层次的探究是十分必要的，这将有助于从历史的视角中找寻高职教育诞生与发展的缘由，并从中析取核心驱动要素，进而促进新时期高等职业教育的完善与发展。

一、高等职业教育发展的驱动因素及其作用机制

高等职业教育走过了一段波澜壮阔的历史，其发展过程颇为曲折、存在的形式和样态多种多样。但是通过抽丝剥茧，可以从中发现，在高职教育诞生及其发展的过程中，存在着技术因素、经济因素、教育因素、社会因素这四大驱动因素。这几大因素通过不同的作用机制共同推动了高职教育的发展，且不同因素在不同历史时期的不同组合塑造了高职教育发展的基本轮廓。

（一）技术革新驱动下高职教育的产生与发展

技术因素对高职教育发展的驱动作用是通过技术革新提高生产过程的技术含量实现的。技术的革新使得生产过程中的设备操作、工具使用、管理与服务的技术含量不断提高。技术革新，一方面，要求某一些一线岗位从业者储备相当的技术及方法等知识与技能；另一方面，要求某些一线岗位从业者具备处理复杂技术问题的能力。这二者共同促成了职业教育课程容量的扩大，使得传统的技术技能供给方式——学徒制、短学制的职业教育与培训逐渐显得力不从心。与课程容量扩大相适应的新型职业教育逐渐产生，并且呈现出"高等性"的性质；技术知识在质与量上的提升与扩充需要更长的职业教育学制来承载，由此在中等教育基础上的高等职业教育基本形态开始逐渐形成。

职业教育与技术的发展紧密联系，技术发展史上几次重大的革新主要体现在几次工业革命上，从以"蒸汽"为动力的第一次工业革命和以"电气"为动力的第二次工业革命到如今方兴未艾的以人工智能、大数据和云计算等为核心驱动力的第四次工业革命，向高职教育提出了越来越高的要求。为了适应技术世界的革新，各国采取各种措施，不断加大对高职教育的投入。积极探索更高效的高素质技术技能人才的培养模式，高职教育的内涵得到不断加深。

（二）产业升级推进高职教育内涵的延拓

经济发展的趋势是走产业升级之路，逐渐降低对资源的依赖、减轻对环境的破坏，产业发展模式由资源、劳动力密集型走向技术密集型。在产业升级总的趋势下，高职的内涵不断延伸与拓展。为经济发展创造财富的传统三大支柱产业——农业、工业以及服务业此消彼长，内部结构不断优化，不断产生新的产业形态，尤以高新技术产业、现代制造业以及现代服务业等为现代产业的代表。这些产业或者行业对自身所需要的高素质技术技能人才规格不断修正，高职教育则通过课程与人才培养模式的改革与探索，在满足产业界需求的同时，也实现了自身内涵的延拓。

现代制造业以及现代服务业需要一线岗位从业人员具备基本的文化素养、基本的理论知识储备以及过硬的技术实践能力。无论是在"机器换人"的背景下，现代企业所购置的新型大型设备、生产线需要大量合格技术技能人员来操作、运行与维护；还是面对客户个性化和定制化的大量服务需求产生的高端服务人员的缺口。高职院校在专业的设置、学制的创新、工作任务与能力分析等方面经历了一系列的变革，服务产业发展的能力不断增强。

（三）高等教育大众化助力高职教育规模扩张

高等教育大众化在高职教育获得规模发展上功不可没。高等教育大众化是高等教育发展的历史潮流，也是教育公平的内在诉求，极大地提升了人口的整体素质。然而，人才结构理论以及高等教育大众化中的质与量的关系，都要求高等教育在进入到大众化阶段后。其内部结构也应发生变化，即高等教育大众化中的增量部分在很大程度上要由高职吸纳。历史也证明，高等教育大众化的潮流直接推动了高职规模的扩张。尤其在高等教育大众化、20世纪末高等教育扩招的共同作用下，我国建成了世界上规模最大的高等职业教育体系，高职教育占据了高等教育的"半壁江山"。

高职规模的扩张使得实施专科教育的高职院校数目增多，更多学生获得了接受高等教育的机会。虽然不可以一般普通学术大学的办学模式来要求高职，但高职毕竟也是处在高等教育层次，其基本的高等通识教育提升了高职学生的文化素质，在一定程度上推动了高职技术技能教育的实施。总的来说，高等教育大众化助力高职教育在世界范围内快速扩张，高职教育的吸引力与影响力与日俱增。在高等教育大众化的助力下，高职教育在很多国家依然存在巨大的发展空间。

二、新时期我国高职教育应正确看待与处理自身发展的驱动因素

（一）正确认识多因素驱动高职教育发展

通过回顾高职发展的历史轮廓以及分析高职发展的驱动因素，可以发现，多因素共同驱动高职教育发展。并且在不同时期，各因素所发挥的作用也是不同。这就启示我们，在分析某一时期某一国家高职教育发展状况时，要树立综合思维，不能片面归因，以避免对当下高职教育发展决策造成误导。

坚持多因素的分析框架可以帮助我们获得高职教育发展历史关键事件的合理解释。人们受传统思维定式影响，通常认为职业教育（包括高职）发展与经济和技术的发展可以同频共振。其实不然，技术进步与经济发展固然是高职教育发展的根本驱动力，但是却又受到种种因素的制约。坚持多因素分析框架分析高职教育发展的史实，在抽丝剥茧的过程中寻找高职发展的多种驱动因素和作用规律，并以历史关照现实，是我们当前高职教育发展不能忽视的重要方面。

（二）促进驱动高职教育发展的多因素融合用力

正确认识与解释高职教育发展的各驱动因素是手段，目的是合理利用各种驱动力，促进各因素在推动高职教育发展上融合用力。高职教育发展驱动因素在不同时期的不同组合塑造了高职教育发展的不同形态，而在不同的时期，高职教育发展的核心驱动因素也是不同的。一方面，分析核心驱动因素是很有必要的，往往这一核心因素在推动某一时期的高职教育发展上起到决定作用，创造条件与这一核心因素的作用机制相适应，是高职教育充分展现自身发展主动性的表现。另一方面，作为核心因素的补充，其他因素也是不可忽视的，其实都在推动高职规模扩张和内涵深化方面发挥着自身独特的作用。各因素协同融合用力，相互配合，是新时期高职教育发展的实践自觉。

（三）顺应人工智能时代技术升级的历史趋势

总体来说，技术因素在高职发展的整个过程中发挥着最主要的作用，因为

技术升级往往也影响经济发展和教育变革。在所有因素中更"上位",技术的主导作用也为高职发展的历史所证明。基于此,在技术革新不断加快的今天,高职院校应该尤其关注技术世界,并据此开设专业、设计课程、不断革新人才培养模式。事实上,在当前由人工智能驱动的新一轮技术革命的背景下,高职教育已然受到了巨大的冲击,高职的研究者与工作者,纷纷在各自领域大胆想象和思考人工智能时代的高职教育可能面临的挑战、机遇以及应对策略。

人工智能带来了各行各业的技术革新,各个岗位的技术含量不断增加、自动化程度越来越高,智能化成为这个时代的重要主题。在这一轮的技术革新中,职业教育将发挥自身在技术传承与革新中的优势,促使人工智能更好地为人类服务。高职作为职业教育的高级形态,为了发挥技术的驱动作用,需要进一步分析人工智能时代高素质技术人才的知识与能力结构,深化现代学徒制的人才培养模式改革,为产教融合与校企合作建立国家制度平台。

第四节　高等职业教育的模式

我国高等教育和职业教育发展的方位要求是"实现高等教育内涵式发展"和"深化产教融合、校企合作"。高等职业教育兼具高等教育和职业教育的双重属性，经过多年的实践探索已逐步探索出了自己特有的办学方向和优势。为实现高职教育产教融合的内涵式发展，建立校企合作"双主体"办学模式是最根本的出路，我们需要通过政策措施和现代学徒制、社会服务路径加以重点推进。

一、我国高职教育的模式探索

我国高职教育"模式"问题伴随着高职院校的创建而产生，并经历了办学模式改革、关注内涵、明确三个阶段。

1. 早期高职教育办学模式改革

1980 年教育部批准创建南京金陵职业大学、无锡职业大学等 13 所职业院校，是我国最早试办的一批高职院校。其办学方式为"收费、走读、不包分配"，培养方式沿用传统的学科型培养。1991 年邢台职业技术学院率先在全国试办高中起点的"双起点、双业制、双证书、订单式"高职教育模式。1994 年全国教育工作会议提出"三改一补"办学模式，原国家教委先后批准了 18 所重点中专探索举办五年制高职班。1996 年《中华人民共和国职业教育法》首次确定高职教育的法律地位，教育主管部门将原有的高职、高专和成人高校统称为"高职高专教育"并且提出要"大力发展高等职业教育"，之后全国的专科层次院校开始了"职业技术学院"的模式探索。

2. 高职教育开始关注内涵建设

2002 年《国务院关于大力推进职业教育改革与发展的决定》进一步提出，"深化职业教育办学体制改革。形成政府主导、依靠企业、充分发挥行业作用、社会力量积极参与的多元办学格局"。自此，我国高职教育由规模扩张进入内涵建设阶段，办学方向初步形成。2004年《教育部等七部门关于进一步加强职业教育工作的若干意见》指出，"推动产教结合，加强校企合作，积极开展'订单式'培养。"两年后，教育部、财政部启动实施了"国家示范性高等职业院校建设计划"。遴选了100所高职院校在办学模式、人才培养模式、教育教学改革、课程体系与教学内容改革等方面进行探索。2010年《国家中长期教育改革和发展规划纲要（2010—2020年）》明确了职业教育"工学结合、校企合作、顶岗实习的人才培养模式"并提出"制定促进校企合作办学法规，促进校企合作制度化"。2002年9月，教育部、财政部新增了100所左右的骨干高职院校，在创新办学体制机制、推进校企合作办学、合作育人和合作就业等方面进行重点建设。

3. 高职教育模式方向已然明晰

党的十八大召开后，《国务院关于加快发展现代职业教育的决定》《现代职业教育体系建设规划（2014—2020年）》《高等职业教育创新发展行动计划（2015—2018年）》《教育部关于深化职业教育教学改革全面提高人才培养质量的若干意见》等重要文件密集出台，均指明"产教融合、校企合作"这一职业教育发展的重要方向。并且提出关键是激发企业举办或参与举办职业院校的积极性。经过多年的实践探索，我国参与职业教育的企业数量大规模增长。截至2016年，全国职业教育集团达1406个，成员35945个，其中企业占比近73%；集团内聘任企业兼职教师数量近11万人次，教师到企业实践的数量近40万人次，而这仅仅是企业参与集团化办学的数据。

回顾历史，我国高职教育办学始终与经济社会的发展并肩前行，"产教融合、校企合作"的基本方向已然明晰，并被社会各界广泛认可。被国家示范性高职院校、骨干院校和其他各高职院校在实践中证明其正确性。党的十九大召开后，《国务院办公厅关于深化产教融合的若干意见》和《职业学校校企合作促进办法》（以下简称《办法》）先后发布，在这一发展方向上进一步向前迈进。

二、校企"双主体"办学是高职教育模式改革的出路

(一)"双主体"办学成为根本出路的原因

《办法》指出,"校企合作实行校企主导、政府推动、行业指导、学校企业双主体实施的合作机制。"其中,"双主体"合作是指在学校和企业(含行业、事业组织)双方共同举办、管理。协调各方利益并运行高职院校的活动,是对过去校企合作的延续和深化。校企"双主体"合作模式成为改革的根本出路,主要原因体现在以下几个方面。

1. 由高职教育的特性决定

职业教育具有职业性、社会性、人民性三个特性。其中,职业性为本质属性,其他为派生属性。高职教育的本质属性不仅有职业教育的"职业性",还有高等教育的"高等性"。"高等性"凸显水平,来提升整体水平和核心竞争力;"职业性"体现类型,以就业为导向,培养的人才需适应职业岗位的需求。而校企"双主体"合作模式注重高职院校科研实力和服务能力的提升,走内涵式发展道路;也强调企业作为学生学习不可或缺的场所,实现从教育到行业、企业的跨界,符合高职教育"高等性"和"职业性"的特性。

2. 由企业发展的长远需求决定

企业的发展离不开人才资源,培养和储备人才是企业生存和发展的核心竞争力。高职教育培养的高素质、高技能人才必须是本行业的内行,为企业提供适销对路的高水平劳动力。除此之外,高职院校的师资队伍为企业技术创新提供智力支撑,全方位、多渠道为企业解决技术难题。实现科研成果向现实生产力的转化,从长远需求看,行业、企业作为高职教育重要的社会供给主体和人才培养质量的最终检验者,理应与学校一同作为高职教育办学的主体力量,因为有经验的劳动力是不可能从其他行业引进的。

3.由我国未来的发展方向决定

2015年"中国制造2025""创新驱动发展战略"等决定我国未来发展方向的重大战略相继被提出。"中国制造2025"围绕先进制造和高端装备等重点领域，实施加快制造业转型升级、提质增效的任务，到2025年要从制造业大国迈入制造业强国行列。"创新驱动发展战略"紧扣调结构、转方式，推动大众创业、万众创新，在供需两端同时发力促进产业迈向中高端。这些战略的实现需要能够有效完成制造技术、产品、业态、组织的人才。校企"双主体"合作模式聚焦创新性、复合性、应用型人才的培养，能够推动战略目标的实现。

（二）"双主体"办学需要各方联合推动

落实校企"双主体"合作模式应该是今后我们需要重点推进的一项工作，需要政府、高职院校、行业、企业各方联合推动。具体工作着力点有以下四个方面。

1.政府推动改革落实

从当前校企合作的实践操作看，高职院校合作的积极性和主动性较高，通过主动寻求与企业的合作机会，建立实训实习基地与缓解毕业生就业的压力等，实践证明这一路径是对的。今后落实校企"双主体"合作模式，学校还要更加积极主动作为，因为在模式对路的前提下谁不作为、谁作为得晚谁将来被淘汰的可能性就大。学校要努力帮助企业进行技术攻关、项目研究、产品升级，缩短科研成果转化周期，提高产品竞争力，找准与企业合作的利益契合点；加强与校友关系的建立，依托校友企业，与母校进行合作等，这是一件需要长期努力的事情。

2.学校积极主动作为

政府是公众利益的代表，具有公认的权威性和广泛的公信力。虽然最终决策由校企双方协商达成一致，但政府发挥的重要推动作用是其他主体无法替代的。主要还包括以下三个方面：一是完善顶层政策设计和各级政府的配套制度，如确定"双主体"办学的形式，规定各利益主体的权责，明确企业成为办学主体的资格标准等；二是实施必要的扶持和激励措施，通过多种形式，调动社会力量参与"双主体"办学，如给予补贴、购买服务、资本合作等，并搭建交流平台，实现信息的对称与共享；三是对办学过程和绩效进行必要的监督和制约，如对不符合规范的办学行为和主体进行制约，协调主体间的利益冲突，保证"双主体"办学的效益最大化。

3. 企业强化主体作用

单靠高职院校一方作为也难以实现长期有效的合作。《办法》提出允许"有条件的企业举办或者参与举办职业学校"或"在职业学校设置职工培训和继续教育机构"，对于"企业职工培训和继续教育的学习成果，可以依照有关规定和办法与职业学校教育实现互认和衔接"，还提出会"鼓励省级人民政府开展产教融合型企业建设试点"。显然，这意味着有部分企业不再等同于纯生产型企业，而是具有与高职院校同等地位的教育型企业。赋予有资格的企业以教育机构的地位意味着教育是企业的事，这是一种社会担当，也是国家和人民对该企业的认可，进而充分激发企业的主体意识。

4. 行业组织履行职责

我国行业组织大多依赖主管部门或大型企业，自身发展力量不足，管理、资金和人才短板突出，导致其协调指导作用没有得到充分发挥。行业组织是高职教育重要的责任主体，因为即使企业的技术技能边界不清而行业的边界是清楚的。我国《国务院关于加快发展现代职业教育的决定》也明确要求行业组织要履行好"发布行业人才需求、推进校企合作、参与指导教学、开展质量评价等职责"。接下来，是要加强该职责的落实，推动行业组织功能实体化，增强其实质性的影响作用。

三、以现代学徒制为突破口推动校企合作

（一）探索具有中国特色的现代学徒制

采取互补融合的"双主体"形式，积极推进现代学徒制特别是企业新型学徒制，是我国现阶段值得努力推进的重要形式。

1. 推进现代学徒制试点工作

"现代学徒制"首次出现在我国官方文件是 2011 年《教育部关于推进高等职业教育改革创新引领职业教育科学发展的若干意见》。2014 年《国务院关于加快发展现代职业教育的决定》《教育部关于开展现代学徒制试点工作的意见》先后发布，明确了开展现代学徒制试点工作的总体要求。现代学徒制的显著特征是"双主体""双身份"，我国高职院校在实践过程中努力做到以校企合作为基础。以学生（学徒）的培养为核心，以学校、行业、企业的深度参与，教师和师傅的深度指导为支撑。扎根于中国大地的现代学徒制表现出了政府主导、学校主体与企业主动意识不断增强的特征。

以宁波城市职业技术学院为例，2015 年该校确定了"城市园林专业群现代学徒制试点""汽车技术服务与营销专业现代学徒制试点"，具体表现为：学校的学员（确定为现代学徒制培养对象的学生）以双向选择的原则与企业签订《顶岗实习协议》《就业协议承诺书》明确契约关系；实行校内教师和企业师傅共同培养的双导师制，学员 6 人为一组，通过协议与企业优秀技术骨干确定师徒关系；校企共同出资将 4S 店设在校内，以"校中厂"的形式开展教学。

2. 企业新型学徒制另辟蹊径

现代学徒制可以在学校实现，也可以在企业完成，但前提必须是校企合作。为充分发挥企业的培训主体作用，2015 年《关于开展企业新型学徒制试点工作的通知》遴选出首批新型学徒制试点单位和行业试点牵头单位。其出发点是探

索企业职工培训新模式，主要内容是"招工即招生、入企即入校、企校双师联合培养"，对象为有培训需求的企业技能岗位新招用人员和新转岗人员。企业新型学徒制试点采取政府引导、企业主体、院校参与的形式，丰富了我国技能人才培养的路径。究其本质，它是一种以企业为重要学习场所的有效培养学习者技能形成的形式，核心依然是学校和企业深度合作，专业教学和现场实践无缝对接，教师和师傅深入指导。共同实现培养学生（员工）精湛的技能和复杂的从业能力。

（二）我国推进现代学徒制的制度保障

1. 确立学校和企业的责任和利益制度

我国正在努力践行的现代学徒制以"校企合作"为主要特征，具体表现为：试点单位积极推进招生与招工一体化；建立双导师的选拔、培养和考核机制，校企互聘共用师资队伍；加强行业、企业、学校或第三方机构多方考核体制，完成技能考核后可获得学历证书和职业资格证书，促进双证融通，等等。但是，双主体合作很容易造成主体不明的现象，确立其责任和利益的制度至关重要，制度设计要充分考虑学校和企业的行动逻辑与利益诉求，充分保障其基本权益。打消试点院校和企业在参与过程中的各种顾虑。

2. 建立企业师傅的选拔、培训等相关制度

承担学徒培养的责任人来自高职院校的教师和企业的师傅，尤其企业师傅的技能水平、责任心和个人职业修养等是影响学徒培养质量的关键。我国已经建立了较完善的教师资格制度、教师培训体系等，但是针对企业师傅的相关制度几乎空白。各试点院校对企业师傅的聘请完全出于自发行为，很难保障其质量，企业师傅进行人才培养的参与也有限。必须把企业师傅的资格认证、技能培训等相关制度上升到国家层面，通过国家制度的规约，有效地进行管理。

3. 建立学徒的考核制度，把握质量核心

质量是现代学徒制应该始终关注的核心，为避免学徒不会异化成为"学生工",需要建立较完善的学徒培养考核制度。这需要试点院校和合作企业参考行业标准,根据人才成长规律和岗位实际需求共同研制考核目标。在进行结果考核的同时还要与过程考核相结合,主要考核学徒的理论知识、实践操作、平时表现以及最终的业绩等,由教师、师傅、企业或第三方机构共同实施考核。并依据培养过程和考核结果及时反馈,不断改进教学,重构培养方案。

四、加速产教融合

高职院校在对企业技术创新能力支持和对城市活力与品位提升过程中,自身也能够得到发展、得以锤炼,这是一种与整个区域社会得到互动的发展。高职院校在对中小微企业进行技术支持的过程中,需要根据企业的需求及时调整自己的服务内容和手段;通过不断强化与企业信息、文化和知识技能的双向流动,促使高职院校的人才培养模式、课程教学等处于不断调整与变革中;通过自觉、内发地形成校企"双主体"参与,实现人才培养质量的提升、教学条件的改善、基地的拓展、"双师型"师资队伍的优化以及管理水平的提升等,最终形成强大的内驱力和对优质资源的占有。

与企业(地方)互动的过程中提升自身实力的做法,已有多个高职院校进行了不同探索,并取得成效。例如,浙江工商职业技术学院联合企业共同组建"模塑制品表面装饰与智能成型技术协同创新中心",该中心的大深度、大曲率模内表面装饰技术被应用于惠而浦、海尔、九阳等企业的家电产品,以及吉利、众泰等汽车内外饰件,为合作企业带来新增产值1.4亿元,2017年入选为浙江省首批应用技术协同创新中心。

总结经验做法,主要有以下三个方面:

第一,通过行企协同、校地合作等形式,遴选出具有优势的创新团队、科研项目等进行重点培育。面向区域经济发展,以市场为导向,具有优势的高职院校、企业、科研团队等多方共同创建协同创新中心，并将其作为行业企业共性技术研发、社会服务的重要平台。

第二，将横向项目、专利申报纳入社会服务评价体系，激励老师投入时间和精力在产业、技术创新上。通过强化项目管理、加大奖励力度等措施，鼓励老师下厂下店，发挥其专业优势，在生产一线中开展技术攻关、项目研发和专利申报等，扩大其服务范围和层次。

第三，提升科研和社会服务能力，两者深度融通，以支撑高技能人才的培养。高职院校实施产学研结合，这是培养具有创新精神和实践能力的高级专门人才的重要途径，并鼓励具有民族特色的文化研究、技艺传承的创新研究走进校园。通过提升科研能力，服务区域经济发展，在互动发展、双向流动的过程中，能够促进校企"双主体"育人的实现。

形成中国特色高职教育模式是一项长期的、复杂的工作，校企"双主体"合作办学是可行的出路，产教融合、工学结合、知行合一是育人方向。全面推行现代学徒制，特别是企业新型学徒制，通过社会服务开展技术开发和推广工作，加强和健全企业参与制度，是我们未来需要加以努力的探索点。

第五节　高等职业教育的挑战与对策

高等职业教育是我国整个教育体系中不可或缺的一部分，兼具高等教育和职业教育的双重特色，是与我国经济社会发展密切相关的重要层次的教育。目前，我国高等职业教育在培育"大国工匠"的时代呼唤中，在"大众创业、万众创新"的发展背景下，还高等职业教育本来面目，让高等职业教育更"接地气"，是高等职业教育未来发展的走向，也是其自我革命、自我重建、自塑品牌的天赐良机。未来10年，一批广受社会、家长、学生肯定，并口口相传的高等职业教育品牌将迅速崛起，"追逐品牌高职教育"将成为高等职业教育的重要市场现象。当然，相当多的高职教育将逃不出"惨淡经营"，直至被逐出教育市场的命运。

一、高等职业教育面临的挑战

经济社会的本质在于"趋利避害"，市场经济社会没有哪个行业永远"独秀于林"，市场竞争的渗透力无时不在，经过大踏步的阶段性发展，高等职业教育的"狼烟"在开始酝酿，挑战的"鼓点"已经敲响……

（一）高等职业院校"遍地开花"与生源数量相对稳定的挑战

根据2015年的统计数据，全国独立设置的高职院校达1341所，招生数348万，毕业生数322万，在校生数1048万，占到高等教育的41.2%，全年为社会提供技术培训超过2000万人次。这1341所高职学校，设在县级市的有90所，设在乡镇地区的有50所。100万人口以上的城市，都至少有一所高职学校。除了西藏，所有的地级市，都至少有一所高职学校。动辄"千亩校园、万人大学"也表现在高职院校庞大的"吞吐量"，2016年、2017年这两年，学校数量还在不断增加，可以预见，供求规律决定高等职业教育未来发展的压力是不言而喻的，"靠市场发展而起"还得"靠市场淘汰而生"是高职院校发展的宿命。

（二）社会对"工匠精神"的渴求与师生的心理准备不足的"挑战"

社会工匠需要精细、精准、精致、精益求精，但我们许多高职院校的老师没有向实际、实用、实操转向，或者转向的力度不够。高职院校"双师型"比例还远远不能满足学生数量暴涨的需要，且由于成本因素，高职院校的创新创造动力严重不足，"狼来了"的警觉性差，更谈不上由专家对每一个学生"量身设计"和"定制打造"。加之高职院校的学生本身学习的主动性欠缺，更谈不上学习的专注度和钻研力，这与"大国工匠"的高远追求相差甚远，"基础不牢，地动山摇"，学生本身的"先天不足"也为学校品牌发展带来相当大的难度。

（三）学校专业、文化、管理的同质化与创名升位的特色需要的挑战

"一招鲜，吃遍天"，但现在的高职院校绝大多数都呈现出专业、文化、管理的同质化，让我们的家长和学生本人在选择时，很难产生"眼睛一亮"的感觉，学校也很难提高录取筹码，只会长期处于"低水平运转"状态，出现"有规模，无特色；有效益，无明天"的生存状况，只要生源竞争加剧，就如同"秋风扫落叶"般倒下。

（四）大数据背景下的办学环境与封闭机械的办学思维的挑战

在"互联网时代"，学校的一切活动都处于被监控、被研究状态，无论是专业的开拓、文化的丰富、管理的精细和日常的活动，甚至管理者的私生活都是在社会这个大望远镜下，无遮拦的状态中进行的，如果我们决策者、管理者的思维还停留在传统经验里，看不到开放的"自媒体"会常常把学校的管理置于大众眼球之中的现实，那么，学校生存危机就已经靠近了。所以，学校管理者、教师的语言和行为规范显得比以往任何时候都更加重要，如果处理得当，会被人高高举起，自然成为"品牌"；如果处理失当，就会被万夫所指，被大众彻底抛弃。比如，过去的很多矛盾靠等、靠慢来解决，现在就要求靠快速来解决；过去的一切活动都是校园的事，现在的一切活动都是全社会的事；过去都是靠报纸、电视进行广告，现在是靠"刷屏"吸引眼球。

二、高等职业教育的发展对策

高等职业教育的生存和发展永远都是与时代的主旋律相伴而行的,作为一线的"操盘手",我们既不乐观地判断职业院校的明天会更好,也不悲观地认为前方的路太凄迷,怀着一颗平常心,相信付出终有回报,一切都是事在人为,努力作为,寻找对策,精准发力,才是上策。

(一)特色师资永远是高职院校生存发展的核心竞争力

"大学之道,非大楼之谓也,大师之谓也",根据社会主流专业寻找特色师资,培养特色师资,是学校管理者重中之重的工作之一。根据自己院校主干专业寻访"能工巧匠",以包容的心态,克服门户之见、克服文化差异,建立一种有效机制,真正做到"请进来,走出去",把"实操大师"请进来,将我们的师资"放出去",互帮互助,互促互进,将专业教育做到一个高度,牢牢地掌握本专业的"话语权",同时,建立本院校"教师素养提升学校",对全体教师进行"大市场、大文化、大境界"知识轮训,让全体教师自觉着力高等职业院校所需要的"实用型人才"硬软实力的精准培养上,实现学校品牌发展的战略目标。

(二)"抓两头,促中间",实现学生综合素养整体提升

职业院校应顺应时代潮流,根据目前"实用型专业"培养的需要和"少子女家庭"孩子的心智偏弱的实际,学校应成立"学生职业规划中心"和"学生心智成长研究中心",可邀请有经验的专家教育学生"如何客观正确认识自己""如何科学评价自己的心智""论职业素养"等,再对学院各种专业组建"攻关突击队""1+3实验团"(即1个专业+3个技能)"青年领袖训练营"来充分激活"一池春水",将后进学生通过"学习力训练营""访贫问苦冬令营""国学寻根夏令营"等,整体提升学生的学习能力,激活他们学习专业、学习文化的潜能,着力"人才复合化",让学生终生感慨"大学无悔""青春无悔",实现学校、学生"双赢"效果。

（三）开放办学，不断开拓"校企合作新模式"

高职院校应有专门人员研究市场经济发展的走向，主动走访身边大企业用人信息和用人标准，适时开设新专业，并根据用人标准改善学科建设，主动邀请大企业人力资源主管到学院现身说法，促进学生全面成长。主动并低成本参与企业技术攻关，甚至参与"市场分析、公共关系、组合营销"等一揽子的发展策略的实施，让学生近距离"实战演练"，院校出思想、出思维，由企业作出决断。企业以实现经济效益为赢，院校以训练师资、培养学生为赢。

总之，高等职业教育在我国突飞猛进，已经进入一个新阶段，这就是"发展＋提升"阶段，"正如人无远虑，必有近忧"，需要我们未雨绸缪，只有提前布局、提前调控，才能永立潮头、独步天下。

第二章 产教融合人才培养研究

第一节　产教融合的理论基础

职业教育产教融合既是重要的政策问题、实践问题，也是一个重要的理论问题。在系统论和社会系统论的框架下，职业教育产教融合是涵盖多领域、多部门的一个复杂系统，是一项系统工程。在教育生态理论的视域下，产教融合处于一种良性、和谐的、共生的状态，坚持全面、系统、公开的思考方式。产教融合是产业与职业教育两大领域的对接与融合，涉及众多的社会伙伴关系，体现为共赢共生、互利互惠、文化包容、价值多元、目标一致、共同治理、卓越绩效等诸多特征。在利益相关者理论的视野下，利益分配的制度化成为必然选择，其核心精神为利益的平衡、共享和共建。如何实现职业学校教学过程与企业生产过程的对接，工作本位学习理论提供了直接的理论指导。

在职业教育领域，产教融合不仅是政策问题、实践问题，也是一个重要的理论问题。对产教融合的理论基础进行探讨，无论是在理论上还是实践上均具有重要意义。职业教育产教融合的理论基础主要包括：系统论和社会系统理论、教育生态理论、社会伙伴关系理论、利益相关者理论及以工作本位学习理论等。

一、系统论和社会系统理论

"产教融合"是人才供给侧改革和产业需求侧结构要素的全方位融合，涉及学科专业结构与产业结构的适应（宏观层面）、校企双方的深度合作（中观层面）、教学过程和生产过程的一体化（微观层面）等多层面、多结构的问题。在职业教育产教融合问题上，系统论与社会系统理论提供了重要的理论基础。

系统论最初为一般系统论，是生物学家贝塔朗菲（Bertalanffy L.V.）在1936年提出的。该理论运用逻辑和数学的方法研究一般系统的运动规律。贝塔朗菲在其经典著作《一般系统论：基础、发展和应用》（General System Theory：

Foundations, Development, Applications）中，把系统定义为"相互作用的若干要素的复合体"，并从基本的数学描述公式出发，引出整体性、总和、机构化、中心化、果决性、同型性、反馈性、稳态化（动态平衡）、层次性、开放性等一系列概念和特征，其中整体性、机构化、反馈性、稳态化、层次性及以开放性为基本特征。系统论认为，"系统是由多个部分、按照特定方式结合起来、不断演化发展的整体，它在与其他事物和环境的相互联系中体现自己的属性、功能和价值"。社会系统理论是在系统论的基础上发展起来的，卢曼（nilas lehmann）是代表人物，卢曼的社会系统理论将"系统/环境"称为观察中的主导性区分，认为"一个系统的结构和过程，只有在与环境的关联中才能存在，而且只有在这样的关联中加以考虑才有可能被理解……或者说系统就是系统与环境之间的关联"，其核心思想是"系统向环境开放"并把二者作为一个整体加以思考。巴纳德（Barnard C.I.）的社会系统理论主张，人是具有自由意志、有限选择能力和合作意愿的有限理性人，社会的各级组织是一个由人的合作行为组成的合作系统，这一合作系统的存在和持续运行取决于合作意愿、共同目标与信息沟通三个核心要素在系统中的动态维持。

教育是一个"复杂、开放的社会系统"，是社会大系统中的一个子系统，受社会其他子系统（经济、政治、文化等）的影响并发生相互关系，这些子系统构成了教育的外部环境。在教育系统内部，职业教育是重要组成部分。职业教育如何深化产教融合，系统论和社会系统理论为此提供了重要的理论基础和探究的新视角。在系统论和社会系统论的框架下，职业教育产教融合本身就是涵盖教育、经济、政治、文化等多领域、多部门的一个复杂系统，是一项系统工程。系统的整体性特征揭示了职业教育产教融合不能（也无法）由职业院校单独完成，必须发挥经济系统（含产业、行业、企业系统）、政治系统（政府政策的支持，各部门的统筹协调）、文化系统（企业文化、学校文化的融合，特别是企业文化如工匠精神的培育）的重要功能。系统的机构化和中心化特征要求职业教育产教融合必须建立相关制度和合作机制，并围绕主要目标和中心任务开展工作。系统的层次结构特征提示产教融合必须考虑结构的优化、要素的协同共生以及思考的层次性，如宏观层面（国家统筹协调）、中观层面（校企深度合作）、微观层面（校企协同育人）等。"稳态"最初为生理学领域的概念，意为机体内环境的一种动态平衡状态，是一种自我调节机制，引申到社会系统领域，指的是社会系统内部的一种平衡态势，这种平衡不是静止的，而是系统内部处于不断运动的状态，这种状态不会偏离中心稳定点太远。系统的稳态和自组织性的特征提示，在制定职业教育产教融合相关政策措施时既不要思维保守、故步自封，也不要前后变动过剧，必须考虑产教融合系统自身的自组织能力和现实承受能力，需要协调好系统的各个要素和各方主体利益。系统的开放性揭示了系统与环境的交换过程，本身也是促进系统发生转变的动力，要求随着产业结构需求的变化，职业教育供给侧要做相应的调整和变化，保持一种适应状态，这也是系统反馈性特征的重要体现。除此之外，系统的反馈性特征还蕴含着产教融合建立评估反馈机制的必要性。总之，根据社会系统理论，合作意愿、共同目标、信息沟通是职业教育产教融合必须重视的三个关键词。

二、教育生态理论

在我国职业教育领域，产教结合、校企合作已经进行多年，取得了许多成效，然而也有不少失败的案例，这些案例暴露出一个现实问题，即这种结合与合作常易流于表面，学校与企业联系不紧密，合作不畅，效率低下，企业参与度低，等等。在职业教育深化产教融合的背景下，教育生态理论为解决产教融合过程中存在的问题提供了一个崭新的视角。

理解教育生态理论，首先必须把握生态系统的内涵。生态系统（ecosystem）这一概念是由英国植物学家坦斯利（Tansley，A.G.）于1935年首先提出的，指的是"一定地域（或空间）内生存的所有生物与环境相互作用的具有能量转换、物质循环代谢和信息传递功能的统一体"，其基本点在于强调系统中各因子之间的相互联系、相互作用以及功能上的统一，基本原理是"联系"与"共生"。20世纪70年代，美国教育家克雷明（Cremin L.A.）首次把生态学理论引入教育领域，提出"教育生态学"一词，并系统地探讨了教育生态理论，把教育理解为一个与其自然的、社会的、经济的、政治的、文化的生态环境关系密切，由时间和空间构成的开放而真实存在的生态系统，主张要根据教育生态学的观点来思考教育问题，并坚持三种思考方式，即全面地思考、联系地思考、公开地思考。

就职业教育产教融合而言，教育生态理论启发我们要通过分析各种生态环境因素（如产业升级带来的变化）与职业教育事业发展之间复杂的、动态的关系，揭示职业教育发展的规律和生态机制，探索优化职业教育生态环境，以促进产教融合不断深化的途径和方法。职业教育产教融合中产与教的互动形成一个系统（或者环境），对双方结合而言可以是内部环境，但是对于某一方来说，另一方则为外部环境，这种外部环境会给对方造成影响。现在要解决的问题是如何使得这种融合处于一种良性的、和谐的、共生的状态，这种状态就是生态。从教育生态学的范畴分析，对于任何一方的利益相关者来说，只有实现自身的可持续发展，才能激发其内在动力（愿意发展、愿意付出），而一些反面例子（如目前一些职业院校的校企合作流于表面、停留在浅层、形式化问题等）也印证了这种教育生态建设的必要性和重要性。因此，职业教育深化产教融合，就得营造一种生态环境，避免利益主体一时冲动而追求短期的狭隘目标，要努力实现利益各方的长远的可持续发展目标，实现共赢。

基于教育生态理论，"全面地思考"职业教育产教融合，不但要考虑职业教育领域，也要考虑产业领域，不但要关注学校、教师、学生，关注行业、企业、企业员工，也要考虑当地经济社会发展。针对学生个体，不但要关心其职业教育生涯，更要考虑终身教育，注重关键能力及能力的可迁移性；对待教师和企业师傅，则要注重其专业发展，拓展其职业生涯。"联系地思考"职业教育产教融合，就其核心词"校企协同育人"而言，"协同"是关键。协同就是联系，这种联系是经常的，非形式化的，要赋予实质性的内容，即：职业教育的专业设置与产业需求相联系，实现对接；职业教育课程内容与行业职业标准相联系，实现对接；职业教育教学过程与企业生产过程相联系，实现一体化；职业学校毕业证书与职业资格证书相联系，实现对接；职业教育与终身学习相联系，实现对接。其他联系还有教学过程中理论与实践相联系、学校和企业联系、教师与企业师傅联系、学校与家长联系等等。"公开地思考"职业教育产教融合，体现在为多个层面、多个主体共同制定产教融合的政策措施，如政府、企业、学校、社区、媒体等等，拓宽公共对话的方式，公众广泛地参与讨论，而过程则受到公众监督。通过不同观念的广泛、公开碰撞，不断整合，最后达成共识，形成集体智慧，以促进产教融合不断深化。

三、社会伙伴关系理论

职业教育产教融合涉及多方主体，涵盖宏观（国家和中央政府）、中观（地方政府、企业、职业院校、行业组织和其他社会组织）、微观（校长、教师、学生或学徒、家长、企业雇主、企业师傅）等多个层面。如何协调这些主体来促进产教融合的不断深化，社会伙伴关系（social partnership）理论提供了有力的理论指导。

"社会伙伴关系"是市场经济发达国家协调社会利益集团之间关系的一个理论范畴和政治工具，是一套价值体系和制度体系的综合，可运用于建立国家层面以及企业层面的新型关系。博古斯拉夫（Janet Boguslaw）认为社会伙伴关系是有关利益主体（包括劳动力群体、行业企业、国家公共部门等）共同构建的一种区域共同体，其在区域经济发展、社会发展和劳动力开发等方面担负协调功能，并得到民众支持。1999年，"哥本哈根中心"把社会伙伴关系界定为"一些从事自愿的、彼此互利的、创新型关系的公共机构、企业和公民等共同形成的一种组织关系，该组织通过组合内部的各种资源和能力以达成共同的社会目标"。塞登（ferri Seddon）是研究职业教育社会伙伴关系的国际权威学者，他立足教育领域，主张社会伙伴关系是由相关利益集团建立起来的一种社会学习交互空间，其本质和行动原则为"合作"与"互利"。

社会伙伴关系理论认为，社会伙伴共同致力于精心策划的合作行动与决策，以达成合作成员所制定的共同目标。旧的社会伙伴关系倾向于建立与中央政府的相互联系并形成制度化关系，其调节机制和工作方式体现为合作伙伴长期存在的"默契"（tacit understandings）；结构上的安排得到与社会伙伴关系相联系的规则、价值和期望方面的文化理解，这些理解不需要达成共识。21世纪以来，新的社会伙伴关系呈现出以下特征：利益集团和利益及相关者的自我管理；政府扮演的协调者和促进者的角色；精心管理决策过程（治理）；以目标达成与责任分担为导向；构建更具信心、能力和参与积极性的工作环境和学习场所；重视能力建设（Capacitybuilding）；构建自我调节的共同体。总之，新的社会伙伴关系重视各方利益相关者目标和期望的达成，并诉诸正式的合同来管理这种伙伴关系，或是依据类似法律的某种协议条款，清晰界定社会伙伴各方的角色、责任与相关行动的要求；换而言之，建立共同的使命、目标和承诺是新社会伙伴关系的一个重要原则。社会伙伴关系涵盖广泛的领域，职业教育伙伴关系是其中的一个组成部分，它除了具备上述特征外，还明显呈现出组织和自组织的主动性特征。在主动构建职业教育社会伙伴关系方面，塞登（ferri Seddon）和比尔特（Stephen gillett）主张，要解决四个关键问题，即确定目标、获得资源基础或资助、支持主办机构的伙伴关系、协商可持续的工作方法等，而且，随着伙伴关系的发展，在对话、"搭档"和建立人际关系网（networking）的过程方面进行管理，以便对这些过程进行协调，发挥可持续的"组织化"的社会功能，其中，在发展工作方法上，要注意社会和文化背景、包容性（Inclusivity）、准备性（readiness）、参与共同目标等四个方面的问题。

根据社会伙伴关系理论，职业教育产教融合需重视职业教育社会伙伴关系的作用和功能，主动构建社会伙伴关系。职业教育产教融合是产业与职业教育两大领域的对接与融合，涉及到多方的利益群体和个体，其本质为产业和职业教育双方的深度合作。"合作"一词内在包含如何处理利益各方的关系问题，而"伙伴"一词则揭示了合作的性质问题：不是一方压倒另一方，而是合作各方的平等相处、共赢互利。互利共赢是职业教育社会伙伴关系的基础和目标，也是开展工作的核心原则之一。由于产教融合不是产教双方表面的、形式上的结合，而是一种深度合作，这种背景下的职业教育社会伙伴关系就不是简单的伙伴关系，而是职业教育产教融合的各方利益主体和多重价值诉求的碰撞、协调、整合之后，所形成的新型合作伙伴关系，体现为共赢共生、互利互惠、文化包容、价值多元、目标一致、共同治理、富于生态、共同治理、卓越绩效等诸多特征。为构建和完善这种伙伴关系，就必须创新相关制度和机制，以促进产教融合不断深化，推动实现产教各方的利益诉求和价值。

四、利益相关者理论

当前，我国职业教育产教融合存在的一些问题，如部分企业参与积极性不高，学校方面缺乏自信、动力不足等等，其深层次的原因部分来自利益相关的问题，在解决这些问题上，利益相关者理论为职业教育产教融合提供了现实的理论基础。

"利益相关者"（stakeholder）一词首次在管理文献中出现，是在1963年的斯坦福研究院（SRI）内部备忘录中，被定义为"组织没有这些群体（包括股东、员工、客户、供应商、债权人和社团）的支撑将无法存在"。此后，"利益相关者"的研究越来越受到重视,发展成一种理论,并经历了"利益相关者影响""利益相关者参与"和"利益相关者共同治理"三个发展阶段,弗里曼(R.Edward Freeman)是本领域研究的集大成者,其关于"利益相关者"的定义成为经典,即"利益相关者是能够影响组织目标的实现或能够被组织实现目标的过程影响的人"。利益相关者理论认为,在不同的管理领域,利益相关者均具有不同的类型,利益相关者对利益的追求是人类的本性,是一种正当的诉求,不应被抹杀。要实现管理的绩效和实现目标,必须根据行业领域和职业性质对利益相关者进行分类,了解各类相关者的利益诉求与价值选择,这是激发其内在活力的基础。基于公平的理念,各类利益相关者的利益必须予以平衡,避免利益主体地位的缺失。为此,对各类利益相关者的利益分配予以制度化成为必然选择,其核心精神为利益的平衡、共享、共建。我国研究者孙玫璐将职业教育利益相关者分为主要、重要和次要利益相关者等三大类型,指出各类型利益相关者在职业教育制度形成及变迁中发挥着不同作用,职业教育制度的效率依赖于利益相关各方的合作,职业教育制度变迁过程也是利益相关者的博弈过程。姚树伟提出,只有从本质上剖析各种利益的平衡、分配,才能了解利益相关者之间进行各自价值选择、行为选择的根源,进而了解影响职业教育阻滞或进步的关键所在。

　　根据利益相关者理论,职业教育产教融合涉及众多的利益相关者,各类利益主体参与产教融合的根本动力,来源于各自的利益追求和价值诉求的实现。在利益相关者理论指导下,职业教育深化产教融合首先要转变观念,必须把人们的利益诉求当作正当的现象,必须深入分析职业教育产教融合涉及的利益相关者类型,承认和保护各类利益相关者的正当权益和价值诉求,分析各类利益相关者的态度并跟踪其参与状况,同时建立相关制度,创新相关机制。

五、工作本位学习理论

职业教育产教融合在微观层面体现为学校教学过程与企业生产过程的对接，即学做合一，体现为职业学校教师和企业师傅的协同育人。如何实现这种对接，如何开展教师和师傅协同育人工作，工作本位学习（work-based learning）理论提供了直接的理论指导。

工作本位学习是学徒制的主要学习形式，20世纪90年代以来，随着人们重新认识到学徒制作为一种学习形式的价值，工作本位学习理论在西方兴起，特别是在高等教育和职业教育领域，"工作本位学习"在澳大利亚、美国、德国、英国以及其他欧洲国家的教育（主要是高等教育和职业教育）政策、理论和实践上均为高频词。20世纪80年代中期，利维（Levy M.）及其同事系统探讨了职业教育领域的工作本位学习问题，把工作本位定义为"学习与工作角色相联系"的学习，确定了三个互相关联的要素：（1）精心安排的工作场所学习；（2）提供适切的在岗训练/学习机会；（3）确定与提供相关的脱产学习机会。西格雷福斯（Seagraves, L.）等人认为工作本位学习应从如下三个方面来理解：（1）为了工作而学习（learning for work），即职业导向；（2）在工作中学习（learning at work），即在企业实施；（3）通过工作来学习（learning through work），即把在岗位工作过程中所获得的技能和知识（也就是工作经验）应用于岗位相关的学习中。加拉赫（Gallacher, J.）和里夫（Reeve, F.）提出，理解工作本位学习的关键是要把握四个核心概念：合作关系（Partnership）、灵活性（Flexibility）、相关性（Relevance）、认证（Accreditation）。约翰·布伦南（John Brennan）和利特尔（Brenda Little）归纳了体验导向（experience-led）的工作本位学习组织形式：短暂接触工作场所；短期工作场所学习计划；三明治式实习安排；轮流安排实习顺序；基于就业环境的学习课程；直接持证上岗（Immediately Post-Qualifying），继续专业发展。琳·布伦南（Lyn Brennan）认为，工作本位学习通过如下三个方面融入教育计划：就业能力；技能发展；工作场所知识的认知、创造和发展。她归纳了工作本位学习的特点：任务相关性；基于问题（或问题导向）；技术革新性；兼具策略性与需求前瞻性；自动管理和自我调节；自我激励；基于团队；重视提升绩效（个人、企业或组织）。

职业教育深化产教融合过程中，校企协同育人离不开一个关键的学习场所——工作场所；工作本位学习是职业教育产教融合的必然选择（当然，这样表述，并不是要否定学校本位学习的重要性）。工作本位学习，重点放在"学"，而不是"教"，强调个体对实践过程的参与，是一项合作的教育机会，通过工作本位学习，企业深度参与到职业教育人才培养过程中。总之，根据工作本位学习理论，职业教育产教融合要求产教双方，特别是职业学校教师和企业师傅，必须根据学生学习目标，通力合作，一起精心安排学生在工作现场的学习计划和相关情境，创新相关机制（如在21世纪初，现代学徒制在世界职业教育领域的勃兴），共同实施育人计划。

总之，职业教育产教融合涉及到产业、职业教育两大领域，有其自身特有的逻辑，其理论基础具有复杂性、多样性，并非单一或几个理论所能涵盖的，本节的探讨仅仅是一个尝试。

第二节 产教融合人才培养模式

一、产教融合人才培养模式的局限

（一）缺乏健全的产教融合制度体系

根据应用技术型本科院校当前整体的实习情况来看，产教融合工作中大多存在着一定的缺失，这也是导致应用技术型本科院校实习质量长时间得不到有效提升的主要原因之一，主要体现在如下几点：第一，教育理念落后，无法满足时代发展的需求。与此同时，由于应用技术型本科院校以培养应用技术型人才为主，因此就需要教师充分培养学生的实践能力与知识应用能力，以便其顺利的适应各种岗位，但受传统教育理念的影响，多数教师都会以理论实习为主，这就会造成当前专业教育的缺失；第二，缺乏健全的实习评价体系。目前，大多数应用型本科高校都把实习过程控制与实习结果评价当作产教融合的重点。因此，一旦缺乏明确的人才培养目标，实习信息得不到及时的反馈，这就无法为人才培养提供有价值的指导；第三，产教融合制度仍旧不够严谨，缺乏统一的执行标准。

（二）产教融合的信息化水平较低

信息网络技术在应用型本科院校中的应用大多表现在教务管理这一方面，具体就是指考试安排、学籍管理与实习评估等，但却没有从根本上融入到课堂教学当中，同时也无法借助信息技术，为学生收集与提供优质的实习资源，展开有效性的实习指导工作。受这一因素的影响，教师的课堂实习质量也会明显下降，学生的实习效果也无法达到预期。

（三）实习评价机制较为滞后

现阶段，应用型本科院校的实习评价大多是针对教师进行评价与管理的，例如教师期末考核与课时量等。因此这就会在一定程度上造成学生考核制度上的缺失。在这种情况下，不仅会导致实习模式过度的机械化，同时也没有站在学生的角度，对其展开有针对性的培养，因此就无法有效提高学生的专业技能。

（四）产教融合人员素质参差不齐

由于产教融合工作相对较复杂，且日常工作量也相对较大，这就要求产教融合人员要具备较高的能力素养，进一步细化产教融合的内容，并严格落实，以此来大大提升产教融合水平。但在这一过程中，大多数本科院校的产教融合工作都只停留在表面，再加上产教融合人员素质参差不齐，工作职责不明确，管理方法不科学，这些都会降低产教融合的效果。

二、产教融合人才培养模式的变革与创新

（一）健全相关法律法规

首先，要明确本科教育当前所处的法律地位，严格贯彻与落实《关于加快发展现代职业教育的决定》，以及相关文件中针对应用技术型本科教育的发展方针与政策。其次，要针对应用型本科院校提出明确的人才培养要求。最后，在对现有的法律法规进行建设与完善时，要充分考虑与兼顾不同层次教育中的相关办学主体，确保法律法规均可以得到有效的落实。

对于行业企业来讲，需要法律法规对行业在高等教育中的权责做出明确的规定，并借助确切的法律法规来将企业参与高等教育事业当作一种法定的责任，进而促使其积极地参与到应用型本科院校的合作办学过程当中。除此之外，法律法规还应该详细说明哪些企业可以直接参与到高等教育的过程当中，明确提出企业需要什么资格才能够加入到人才培养的各项活动当中，并且也要对可参与高等教育人才培养企业的相关职责、职责内容等一系列问题进行详细的阐述与说明。而对于应用型本科院校来说，站在法律法规这一层面上，要进一步扩大院校的办学自主权，并授予应用型本科院校一定的自由选择权。另外，在考

试招生的过程中，一定要严格遵循公平公正的原则，并在此基础上进一步明确招生主体的具体职能，再结合实际的人才需求，选择多样化的选拔方式，优化生源分配方式，以此来从根本上实现不同层次专业教育的有效衔接。

（二）全面推进产教融合协同育人

长期以来，产教融合都属于一种双领域教育，主要涉及了两个主体：一个是本科院校，另一个是企业。因此，产教融合协同育人要想实现长远的发展，就需要应用型本科院校与企业进行深度的合作。并且校企合作也是应用型本科院校培养人才过程中的必经之路。但在实际育人的过程中，校企合作的方式方法也在不断的变化与革新，主要体现在由最初的校企结合发展到当前的产教融合。在这一过程中，应用型本科院校与企业之间的联系更为密切，合作更为深入。基于产教融合基础上的人才培养模式，其主要内容就是工学结合与校企合作，将教学内容与课程体系作为人才培养方案的核心，建立以教学管理制度与质量监控体系为主的人才培养制度，创建以教学改革与方法创新为重心的人才培养方式，并进一步完善社会反馈与自身评价相结合的人才培养评价机制。

目前，我国应用型本科院校实现工学结合与校企合作的方式主要有五种，分别为现代学徒制、工学交替、顶岗实习、订单式培养以及共建产业学院。其中，工学交替模式主要是需要应用技术型本科院校与企业之间签订一份协议，在阶段性的学习过程中，通过交替的形式来完成学习与企业工作。作为应用技术型本科院校实现校企合作与工学结合的一种常用培养模式，订单式培养则是需要企业根据自身人才需求的实际情况来向应用技术型本科院校提出相应的人才培养要求，而应用技术型本科院校就要根据企业所提出的人才标准来对其学生实施有针对性的培养。顶岗实习就是在学生完成部门专业课程的学习之后，安排其到相应企业的实际岗位上进行实习。在此期间，对于学生的实习要求，是根据校企双方共同协商及确定的人才培养方案而制定的。现代学徒制还有另外一个名字，就是"双导师制"，这种模式主要是由应用技术型本科院校的教师与企业师傅共同承担起教育工作的，并且可以有效实现校企双主体育人的目标。另外，共建产业学院，具体来讲就是由应用技术型本科院校与企业共同建设二级学院，以此来在最大程度上实现专业培养与产业需求的有效对接。总的来说，上述五种校企合作、工学结合的模式均各自具有独特的优势，同时也存在着一定的弊端。为此，在校企合作的过程中，应用技术型本科院校要根据自身实际的发展情况与专业课程教学特点来合理选择产教融合的人才培养模式，将教学、技术以及应用型研究充分地融合起来，以此来对学生的就业能力、实践能力及创新能力进行重点的培养。

（三）提升从业人员素质

首先，要进一步加强教师队伍的管理，优先聘用专业的技能型教师，并在此基础上制定出健全的规范机制；其次，院校要每年给教师提供进修机会，特别是针对优秀教师，以此来提高其专业能力、教学能力以及师德水平；最后，要积极构建更为科学与系统的实践教学管理制度，以此来大大增强教学管理的实践性，并借助校企合作与产教融合等多种形式来为学生创造更多的实践机会，提供展示自我价值的平台，充分培养学生实践能力，确保其日后可以快速胜任岗位工作。

（四）优化课程设置，促进工学结合

在当前背景下，本科教育要想实现更好更快的发展，就需要应用型本科院校根据当前社会对于专业人才的需求，对自身的专业课程进行不断的优化。而对于工学结合来说，最为突出的特点就是学校与企业合作。这不仅可以让学生在企业中灵活应用自己的所学知识与技能，同时也能够让学校根据企业对于人才的需求标准，对学生实施有针对性的培养与全方位的管理，提高学生实践工作的管理水平。另外，作为一种新型的人才培养模式，工学结合主要是对应用技术型本科院校的学生实施有侧重点的培养，并明确设定以专业作为定位的人才培养目标。除此之外，在高等教育中实施工学结合这种教学模式，还可以大

大提升应用技术型本科院校学生的专业能力与综合素质，充分培养其知识与技术的实践应用能力，进而有效增强其在社会就业过程中的竞争力。

三、基于产教融合的人才培养模式的有效措施

（一）构建优秀师资队伍

在产教融合中，高职院校必须要充分地掌握当下的融媒体发展趋势和教育改革方向，有效地将传统媒体和新媒体相结合，围绕产教融合的教学目标，利用起来进行人才培养的宣传和教育，有侧重性地向教师推送一些与之有关的信息教学理论和信息，以全面促进产教融合一体化发展和建设为目的，激励教师自主地进行学习、提取、转换、实践。高职院校可定期地向企业输送一些专业教师人才，引导其到一些工作岗位进行实践，借助自身的专业基础和力量来协助企业解决相关的生产和发展的问题。在深入基层岗位实践的过程中，教师还能更好地掌握不同岗位的实际运作模式和产业发展模式，积极地和企业专业人员进行有效的沟通和交流，充分地掌握学生应具备的社会适应能力和专业素质，进而能以此为依据来对实际的人才培养目标和培养方法进行调整。另外，高职院校也可邀请企业当中的优秀管理人员或技术人员到学校开展主题讲座，或者聘其成为兼职教师，借助企业人力资源力量，有效提升高职院校的综合素质和教学实力。这样才能全面实现优秀的双师型高职院校优秀教师队伍的建设。

高职教师也可以在考虑现有产教融合人才培养模式的实际需求的情况之下，以互联网络为基础，面向全社会招聘具有较高专业实力和工作经验的优秀教师，分别从不同的层次和维度入手，对其进行严格考核。根据产教融合教学的特性来进行岗前培训的设置，使新招聘人才能够更好地适应产教融合教学模式。针对现有教师，可通过发布调查报告，或者调阅教师档案的方式，了解其存在的优势和不足。考虑其年龄、性格、性别、专业、水平、思维等情况，科学地进行相应的理论培训和技能培训的设置。预测产教融合教学过程当中可能出现了

一些问题,在培训过程当中增加一些与心理学、教育学、管理学、社会学、行为学、信息技术学等有关的内容,并全面深化教师的师德师风、职业意识、岗位精神等培训,全面提升教师的专业知识和实践实训指导能力。

高职院校也可以从产教融合实际进度出发,与具有较高资质的第三方培训机构进行合作,要求专业教师和培训人员进行有效沟通,使培训机构能根据各方需求来制定专业化和个性化的培训方案,借助各方面资源和力量来对教师进行全面培训,也可以和本地区或者跨区域的优秀高职院校进行合作,了解其产教融合的实际情况,定期地组织产教融合人才培养模式教学交流会,推荐优秀教师和骨干教师参与其中,通过经验分享和交流的方式来掌握更多先进的产教融合方法,并以此为基础来对本校的产教融合人才培养模式进行完善。高职院校可将整体的培训结果和教师的绩效考评挂钩,安排专业人员对其进行评定,并将其作为月度、季度、年度的重要评价指标,以及能力评定、资质审核、技术资格考核的标准。高职院校通过增加考评联动性的方式来调动教师的积极性和主动性,使其能更好地投入产教融合的教学研究、改革、践行当中。

(二)创新产教融合方法

高职院校可充分了解学生专业的设计能力、实践能力、认知能力、实施能力,以及创新能力、创造能力、思维能力等的培养需求,考虑各方面的影响因素和制约条件,对实际的产教融合教学进行创新、完善、优化。高职院校也可以成立专业的教师教学研究小组,充分地将人才培养模式创新和产教融合实践作为研究主题,对与之有关的各种资源和信息进行整合,从不同的方向和角度来进行深度研究,以期能有效构建高职院校教育发展和人才培养的全新产教融合体系。在这过程当中,教师需要利用线上渠道和相关的社会组织、行业企业、政府进行有效沟通和交流,了解对产教融合和高职院校教学推出的一些政策和方针,立足于企业和高职院校的具体情况,推出具有可执行性、科学性、有效性、针对性的人才培养方案。

学校也可以充分地和企业、政府，以及一些有关的机构形成合作关系，充分了解本地区的产业发展态势和地方产业理念，借助多方力量来搭建跨学校、跨区域、跨行业的全新产教融合平台，以促进校企协同育人机制为前提，利用信息化手段和互联网络来进行产教融合优化，在其中创造性地利用大数据技术、云计算技术、人工智能技术等，对学生进行深层次、综合性、开放型、全面性的培养。教师需定期地对产教融合教学模式进行有效的发展，着重了解实际的学生能力培养现状，不断地对其进行改进。如在传统的产教融合模式基础上，结合学生的专业特性和实际教学要求，有效地在人才培养当中融入小组合作探究、慕课、翻转课堂、在线课程、情境教学等现代化教学理论和技术，使实际的专业教学更具信息化、数字化、现代化特色。在反复实践和探索的过程当中，还衍生出订单式培养模式、工作室模式、任务驱动模式、团队竞赛模式等。

在实际实施和应用时，学校需根据全新的产教融合模式特性来进行组织，在充分了解企业对人才的迫切需求和市场发展导向，将不同的产教融合模式和教学方式进行组合，有效利用模拟实训室、多媒体影音室、虚拟现实教室，以及校内实训基地等方式来引导学生进行实践，使专业学生累积一定的经验，在引导其进一步到企业实习。在这过程中，教师还应全面加强对学生实习过程当中的行为动态、思想状态、心理形态的关注，对学生提供相应的辅导和指导，在产业融合当中有效地渗透思想政治教育和心理健康教育，引导学生掌握解决工作问题和实际问题的方法，并通过激励教育法的导入使学生大胆地进行创新、创造、论证、探索，借着各方面力量来提升整体的人才培养效果。

此外，为确保学校与企业共同推出的产教融合人才培养模式能够得到顺利贯彻和实施，要了解政府相关部门推出的一系列法律法规和政策方针，深度分析以往的产教融合人才培养制度；以全面促进学生发展、有效提升教育效能为目的，对其进行有效改进、整合、优化、创新；从而提升产教融合人才培养模式的严谨性、规范性、法律性、科学性、有效性。

第三节 国内高职院校产教融合经典案例

一、产教融合的国家政策梳理

2013年,"产教融合"最早出现。党的十八届三中全会《中共中央关于全面深化改革若干重大问题的决定》提出:"加快现代职业教育体系建设,深化产教融合、校企合作,培养高素质劳动者和技能型人才。"2014年5月,《国务院关于加快发展现代职业教育的决定》提出:"加快现代职业教育体系建设,深化产教融合、校企合作,培养数以亿计的高素质劳动者和技术技能人才。"2014年6月,教育部等六部门印发《现代职业教育体系建设规划(2014—2020年)》,提出要坚持政府统筹规划、坚持市场需求导向、坚持产教融合发展等原则。2015年,党的十八届五中全会《"十三五"规划建议》提出:"建设现代职业教育体系,推进产教融合、校企合作。"2016年,党中央印发《关于深化人才发展体制机制改革的意见》,进一步明确要求"建立产教融合、校企合作的技术技能人才培养模式"。2017年,习近平总书记在党的十九大报告中强调:"完善职业教育和培训体系,深化产教融合、校企合作。"2017年12月,国务院办公厅印发《关于深化产教融合的若干意见》,明确了发挥政府统筹规划、以企业为重要主体、人才培养改革为主线、社会组织等供需对接作用的制度架构,推动产教融合从发展理念向制度供给落地。2019年,国家发展改革委、教育部等6部门印发《国家产教融合建设试点实施方案》,为推进产教融合改革树立标杆。

二、产教融合的经典案例

近几年来,全国各高职院校通过校企合作,产教融合发展有了一定的基础,本节通过考察调研，以不同省份的个别学校和企业为研究案例，阐述我国高等职业院校的产教融合现状。

案例1：天津交通职业学院

天津交通职业学院是国家骨干高职院校建设项目首批建设单位，也是交通运输部交通高等职业教育示范校认定院校。学院现开设38个专业，各专业围绕人才培养方案，积极寻求与企业的合作，并通过校企共建的模式，与相关企业合作建设了多个校内实训基地和252个稳定的校外实训实践基地；先后与丰田、大众、奥迪、阿里巴巴等企业合作成立了60多个订单班，极大提升了专业人才培养质量和毕业生的就业质量，很多校企合作专业的毕业生，入企之后，能够快速成长为企业的部门经理和技术总监，成为学院和企业的共同优质资源。近些年来，学院也充分利用资源优势，与多家企业进行产教合作，共开展横向课题40多项，面向社会的技术服务培训量每年达到2万人次以上，深受企业和社会的好评。

天津交通职业学院校企合作开展得较早，社会反响也不错，但大多数是普通订单班，合作项目只跟教学内容有关，不涉及资金，产教融合难以深入。目前，仅有金通订单班等个别校企合作专业，由企业定向培养，学费的收缴也比其他专业高，学生从招生、管理、授课、就业等方面都由企业负责，学校主要负责提供场地。

案例2：德州职业技术学院

德州职业技术学院坐落在山东省德州市，是2005年11月整合五校资源组建而成的专科层次公办全日制综合性普通高等职业院校。现设有9个教学系部，开设高职专业38个。学院以"双元办学、集团发展、产教共舞、德能育人"作为办学特色，与企业积极合作，现建有校外实训实习基地270多个，极大满足了各专业的实践和就业顶岗实习需求。近些年来，学院锐意进取、开拓创新，积极探索混合所有制办学模式，与天津滨海讯腾科技集团合作成立了"互联网学院"，与中航东星航空服务公司合作成立了"航空乘务学院"等，校企合作模式下的"二级学院"或专业，拥有"将企业搬入校"的企业化教学环境，基本实现了人才培养和企业需求的"无缝对接"，大大提升了学生的培养质量。

德州职业技术学院在校企合作的基础上积极探索混合所有制发展。①互联网学院校企合作专业，由校企双方共同出资、共同管理，其中招生和就业由企业负责，教学方面双方按50%的比例共同承担，企业承诺学生就业工资最低额。该专业自2016年开始招生，企业专门安排8人的管理团队入校，实践效果非常不错。②航空学院空乘专业主要是跟中航东星集团旗下的成都东星航空职业学院（民办院校）合作，属于校校合作。该专业2016年开始招生，属于企业一条龙管理，包括教学，企业承担所有教学任务，但企业可以聘请该校教师讲授基础类课程，这样的合作方式比较新颖。③老龄产业学院，校企合作专业的学费跟普通专业招生学费基本一致，该学院2017年开始招生，约50人，由企业进行全方位管理，学生毕业之后进入企业工作，保证月工资最低额。另外，需要说明的是：以上三家校企合作企业对教学的投资截至2018年投资金额都达200万，与普通的订单班相比，产教融合有所深入。

案例3：山东轻工职业学院

山东轻工职业学院，现设7个系33个专业。学院先后与307家企业开展了不同形式的合作，共建课程、教材、实训基地和师资队伍，建立校外实训基地、教学与科研基地等290余个，通过与企业一体化办学共建"世博动漫学院""嘉环·华为信息与网络技术学院""软件学院"和"腾讯云互联网学院"4个二级学院，合作共建专业15个，占专业总数的50%。世博动漫学院被山东省教育厅确定为"山东省职业院校混合所有制改革试点单位"，嘉环·华为信息与网络技术学院校企合作案例被评为山东省职业教育校企合作先进案例一等奖。

2013年，学院与山东世博华创动漫传媒有限公司通过校企深度合作，创立了"世博动漫学院"，打造"学习+实习+就业"三位一体、订单培养动漫人才的模式。该模式突出的成就在于初步建立了基于混合所有制办学的学院治理结构：①校企双方采取协议认股、协商分配的方式；②参照企业运营模式，成立"类股东会"；③制定《董事会章程》；④实行董事会领导下的院长负责制；⑤建立了世博动漫学院独立的财务核算体系。混合所有制办学结构下校企双方共建师资团队，共建课程与教材；创办"世博动漫学院高端论坛"、成立产学研专家顾问委员会，将行业、产业最新理念技术带到学校，促进产学研深度融合。

案例4：天津滨海迅腾科技集团

天津滨海迅腾科技集团，成立于2004年，总部设立在天津，其分支机构遍布全国20多个省市，是一家以IT产业为主导的高科技企业集团，涉及职业教育、软件研发、互联网服务、生物医药、快速消费品等多个领域。2014年迅腾"卓越工程师培养计划"新闻发布会暨专家委员会成立启动仪式在天津举行，卓越人才培养成为迅腾教育事业发展新方向；2015年迅腾全面实行机制改革、模式创新、结构调整，《企业级卓越人才培养解决方案》在全国高校正式实施，与华北地区多家高校开展二级学院建设，开启迅腾腾飞新纪元；2017年开始，迅腾将在各产业发展基础上，做大做强职业教育，实现中国职业教育校企深度融合模式领跑者的目标。

《企业级卓越人才培养解决方案》，是迅腾科技集团的重要事业板块，是面向我国职业教育量身定制的应用型、技术技能型人才培养解决方案，该方案由企业、行业、职业院校共同研究与实践，包含技能型人才培养方案、专业教程、课程标准、数字资源包（标准课程包、企业项目包）、考评体系、认证体系、教学管理体系、就业管理体系等。采用校企融合、产学融合、师资融合的模式在高校内共建互联网学院、软件学院、工程师培养基地的方式，将企业人才需求标准、企业工作流程、企业研发项目、企业考评体系、企业一线工程师、准职业人才培养体系、企业管理体系引进课堂，充分发挥校企双方特长，促进区域优质资源共建共享，实现卓越人才培养目标，达到企业人才培养及招录的标准。

本节虽然只是罗列了上述四家学校或企业的校企合作、产教融合现状，但是也不难看出各高职院校积极探索校企合作、产教融合的新模式、新方法。随着校企合作、产教融合的深化，校企双方都有成绩和收获，但同时也面临些许困惑。比如，院校方面考虑的是如何吸引企业投资、让企业把最新的行业前沿知识和技能引入学校，企业能够承担学生的实训和就业等；而企业方面，随着校企合作、产教融合的深入，对学校的投入涉及大量的资金，作为营利性的组织，他们也希望资本能够增值，另外企业在产教融合的实践中，对学生的培养过程也希望有一定的话语权和决策权等。

第三章　1+X 证书制度实施初探

第一节　1+X 证书制度的背景与意义

2019 年 2 月，国务院发布了《国家职业教育改革实施方案》（下文简称《实施方案》），首次提出启动 1+X 证书制度试点工作，开启了我国职业教育人才培养模式和评价模式创新发展的新阶段。为贯彻落实《实施方案》的相关要求，教育部等四部门联合印发了《关于在院校实施"学历证书＋若干职业技能等级证书"制度试点方案》（下文简称《试点方案》），提出 1+X 证书制度年内将在首批试点院校中落地实施。2019 年 6 月，教育部职业技术教育中心确定了首批试点院校名单。随着第一批 1+X 证书制度试点工作的逐步深入，2019 年 9 月，教育部又启动了第二批 1+X 证书制度试点工作。作为一项职业教育人才培养制度的重大创新，1+X 证书制度的实施具有多重意义和价值，是新时代国家职业教育改革的一个重要的突破口。

一、职业教育"1+X"证书制度实施的意义

（一）深化职业教育改革，完善现代职业教育体系

加快发展现代职业教育，完善现代职业教育体系是我国深化职业教育改革的根本方向。《现代职业教育体系建设规划（2014—2020 年）》曾对现代职业教育做出明确界定："现代职业教育是服务经济社会发展需要，面向经济社会发展和生产服务一线，培养高素质劳动者和技术技能人才并促进全体劳动者可持续职业发展的教育类型。"该表述指出了现代职业教育所应具备的职业性、技术性、开放性、全民性、终身性五大特征。国务院在新时期出台的《实施方案》中进一步深化职业教育培养模式和评价制度改革，正是为了突出职业教育的现代性特征。实施 1+X 证书制度，将有力促进我国现代职业教育体系的完善和发展。

一方面，1+X 证书制度的实施，将进一步强化职业教育体系的培训功能。

我国传统职业教育是典型的学校本位教育模式,职业院校教育在职业教育体系中"一枝独秀",职业技能培训处于边缘的地位。现代职业教育的职业性、开放性、全民性特征决定了现代职业教育体系必然是职业院校教育与职业技能培训并重的教育体系,二者都应当成为现代职业教育体系中的重要组成部分。启动实施1+X证书制度,可以促进职业学历教育与职业培训的衔接与统一,显著强化职业教育体系的培训功能,有助于我国现代职业教育体系的完善。另一方面,1+X证书制度的实施,有利于理顺职业教育与技能培训的管理体制。长期以来,我国实行的一直是职业院校教育与职业技能培训"双轨运行"的管理体制,职业学校教育主要受教育行政部门管理,职业技能培训则归人力资源和社会保障部门管辖,由于两类职业教育在招生、培养、继续教育等方面有交叉之处,导致教育部与人社部出现职能重叠的情况,既降低了管理效率,又难以发挥部门合力。通过启动实施1+X证书制度,职业学校教育与职业技能培训得以整合在一个系统之中,同时,《实施方案》也明确规定了教育部门与人社部门的职责,如此就理顺了职业教育与职业技能培训管理体制,为我国现代职业教育体系的建设扫除了体制障碍。

(二)优化职业教育结构,健全国家职业教育制度

我国职业教育是典型的二元结构教育系统,主要由学历教育和非学历教育两部分构成。学历教育是一种以学校为主体、以人力规划为基础的体制性教育,完全被纳入政府的教育管理体制之中,教育对象主要是尚未踏入社会的青少年学生群体。非学历教育则是一种以企业为主体、以市场需求为基础的社会性教育,它只在顶层设计和宏观管理层面被纳入教育管理体制,在具体实施层面基本不具备体制性特征,与正规化、规范化的学历教育相比,非学历教育更多呈现出一种自发性、随意性和破碎化的特征。

改革开放以来,在我国社会主义职业教育事业的长期建设发展过程中,学历教育和非学历教育都取得了长足的进步,拥有广泛的受众,也各自形成了庞

大的教育体系。但是，从发展程度上来看，我国职业教育领域的学历教育在教育经费、教育条件、师资力量、教育资源、教育制度、教育质量等各个层面都远优于非学历教育，从而导致职业教育结构的失衡。现阶段，我国职业教育总体规模已经能够基本满足民众受教育的需求，在新的历史条件下，要推进职业教育的现代化发展，优化职业教育结构无疑是非常重要的一环。《实施方案》适时启动实施1+X证书制度，要求职业院校落实学历教育与培训并举的法定职责，指出"院校内培训可面向社会人群，院校外培训也可面向在校学生"，这就为学历教育与非学历教育的一体化发展提供了制度保障。在1+X证书制度的支持下，职业学校教育与职业技能培训、职前教育和职后培训都被纳入同一个教育体系之中，正规学习与非正规学习、正式学习与非正式学习所获得的成果都被置于同一个评价体系之下，这不仅有利于平衡学历教育与非学历教育的教育资源和比例结构，也将为工学结合、校企合作、现代学徒制提供制度的支撑，更有利于健全国家职业教育制度。

（三）创新人才培养和评价模式，提高人才培养质量

我国职业教育事业发展受普通教育影响至深，早在20世纪90年代，众多中等职业技术学校就是由普通中学改制而来，同时在普通中学中还大量开办职业技术培训班。步入21世纪以后，又有很多普通高等院校转型为应用型技术大学、应用型技术学院，成为高等职业教育的组成部分。在这样的职业教育建设发展路径下，职业教育所具有的普通教育色彩十分浓厚，但缺乏技术技能教育实践经验的积累，导致职业教育办学特色不足，人才培养质量不高。为了从根本上明确职业教育的特性和定位，《实施方案》开宗明义地指出"职业教育与普通教育是两种不同的教育类型，具有同等重要的地位"，充分说明职业教育不是也不能是普通教育的"翻版"，必须根据技术技能人才培养的特点和规律走类型化、特色化发展的道路。

职业教育的核心特征在于人才培养规格以技术技能应用为主，职业教育要

走类型化、特色化发展的道路，关键在于建立起与技术技能人才培养要求相适应的人才培养和评价模式，而要实现这两点，实施1+X证书制度是一个非常重要的突破口。首先，在人才培养方面，实施1+X证书制度，就等于将职业技能培训引进并融入了职业院校教学体系，而这又将"倒逼"职业院校在制订教学计划、开发课程与教学内容、制订人才培养方案等环节更充分地考虑技术技能培训的需要，有助于职业院校创新人才培养模式，提高实践教学比重。其次，在人才评价方面，实施1+X证书制度，将改变传统职校学生能力评价方法和内容，丰富技术技能人才的评价内涵，在人才评价环节更能够充分地体现出职业岗位能力导向的考查要求，有助于完善技术技能人才的评价标准，为提升技术技能人才培养质量提供了方向和依据。

（四）对接国际职业标准，促进人才培养国际化

全球化是21世纪以来国际社会经济最重要的发展趋势，从长远来看，在现代科学技术和国际产业链分工的共同作用下，全球化仍是不可阻挡的大趋势。改革开放以来，我国逐步打开国门并融入世界经济体系当中，到目前为止，我国已经与全球绝大部分国家和地区建立了经贸合作伙伴关系，"一带一路"更是串联起了65个国家和地区。我国不仅深度融入了世界经济体系，更是进入了世界经济发展和国际经济秩序引领者的行列。2018年11月，国家主席习近平在首届中国国际进口博览会开幕式上发表的主旨演讲提出了五大措施促进我国进一步对外开放。2019年6月，国家主席习近平在二十国集团领导人峰会上指出，要进一步出台若干重大举措，加快促进我国形成对外开放新格局。

不论是我国在世界政治经济领域的影响力日益增强，还是国内全面扩大对外开放，都要求培养更多掌握专业知识和技能、具备国际视野、通晓国际规则、有能力参与国际竞争的高素质国际化人才。培养国际化技术技能人才，首先要使国内职业教育标准与国际标准对接，明确国际化技术技能人才的培养规格，为后续人才培养过程提供目标、方向、规范和指导。《实施方案》指出培训评价

组织应对接职业标准，与国际标准接轨，按有关规定开发职业技能等级标准，借鉴国际职业教育培训普遍做法，启动1+X证书制度试点工作。在中国特色社会主义进入新时代的条件下，国家实施职业教育1+X证书制度，建立对接国际先进标准的人才培养质量评价体系，是推动我国职业教育标准与国际标准对接的一个重大举措，对提升我国技术技能人才培养的国际化水平具有着重要的意义。

二、职业教育1+X证书制度实施的难点

（一）校政行企缺乏协同动力

1+X证书制度是一项职业教育人才培养模式和评价模式的重大创新，实施1+X证书制度，意味着原本属于非学历教育范畴的职业技能培训开始进入职业学校教育体系，这将促进职业院校教育办学的进一步开放化，随之而来的必然是职业院校教育体系的多元化、立体化和复杂化。随着1+X证书制度的试点应用，未来职业学校教育将以人才培养为纽带，与行业组织、培训评价组织、企业紧密连接起来，从而形成一种横跨学校、社会、产业的大职教体系。在此过程中，传统的以职业院校为绝对主导的职业教育办学模式将被打破，企业的重要办学主体作用将更加凸显，行业组织、培训评价组织得以深度参与到技术技能人才培养过程中来。这种转变仅靠职业院校内部的教学改革是不可能实现的，必须在更大范围上进行职业教育模式和制度的重构。随着1+X证书制度的推广，必将涉及更大范围、更多类型的社会主体，这就需要政府、学校、行业、企业在1+X证书制度启动之初就加强协同联动，共同探索构建适应新型技术技能人才培养模式和评价模式的体制机制。

（二）职业院校缺乏职业技能培训资源

将职业技能培训融入职业院校专业人才培养是1+X证书制度实施的基本要求。《试点方案》明确指出职业院校是1+X证书制度试点的实施主体，试点院校

可以通过培训、评价使学生获得职业技能等级证书。从《试点方案》的内容表述来看，未来职业院校不仅要承担传统意义上的专业知识和技术技能教学任务，还要发展为职业技能培训的重要主体。但是，纵观国内全日制职业学校教育发展的历史和现实，职业技能培训从来就不是职业院校的"主业"，职业技能培训在全日制职业院校中的发育程度非常的低，相关培训资源也十分的匮乏。

首先，在培训场地和设施方面，出于实践教学的需要，我国各类职业院校基本成立了校内外实习实训基地，但由于职业学校教育的受众是青少年学生，这一群体往往缺乏从业经验，因而职业院校实习实训基础设施的规格完全是按照专业技术技能初步学习的需要来配备的，要达到取得职业技能等级证书的培训要求尚有难度。其次，在培训师资方面，职业技能等级证书是一种规格较高的证书体系，它要求职业者不仅具备完备的专业技术知识，还拥有扎实的技术实操能力。要让受教育者达到职业技能等级证书所要求的能力素质水平，培训导师就必须是既具备理论教学素质，也具备实践教学素质的人才，即必须是"双师型"教师。

（三）职业院校缺乏职业技能等级考核条件和环境

贯彻落实 1+X 证书制度，职业院校除了要建设好职业技能培训体系以外，还要搭建好职业技能等级考核系统。但令人遗憾的是，我国职业院校普遍缺乏进行职业技能等级考核的条件和环境，短时间内还难以承担起考核学生和社会人群职业技能等级的重任。

首先，职业院校普遍缺乏阶段性考核职业技能的资源和能力，只能配合社会性培训评价组织实施结果性考核。职业技能培训是一个长时间持续的教育过程，受训者要娴熟掌握一项生产技术或者技能，培训时间少则数月，多则数年。在此期间，培训主体需要进行阶段性考核，以监测受训者的技术技能水平，科学安排培训进度。但是，目前我国大部分职业院校缺乏进行职业技能培训的实际经验，尚未建立起规范、科学的职业技能等级考核体系，难以满足职业技能水平阶段性考核的要求，以至于在职业技能考核方面高度依赖企业以及社会性培训评价组织，难以发挥出主体作用。其次，职业学校普遍缺乏进行职业资格鉴定考核的环境条件。一直以来，我国职业技能等级鉴定主要由各地方的职业技能鉴定所（站）负责，而职业技能鉴定所（站）必须经过劳动保障行政部门批准才能设立，很多职业院校并不具备职业技能等级鉴定资格，也就难以进行相应的职业技能鉴定工作。同时，部分高职院校所设立的职业技能鉴定所（站）一般都隶属于人社部门，隶属于行业主管部门的职业技能鉴定所（站）很少。这种体制机制障碍导致大部分职业院校难以在校内有效开展职业技能等级考核的工作，这就成为未来推广 1+X 证书制度将会遇到的一大难题。

（四）职业院校教学体系难以适应职业技能等级证书考核要求

职业技能等级考核包含专业知识水平考核和专业技术实操能力考核两部分，就其与职业院校教学体系的对应关系来看，专业知识水平考核在很大程度上已经被纳入职业院校教学体系之中了，而专业技术实操能力考核则仍游离于职业院校教学体系之外。尽管我国职业院校教学体系本身包含实践教学环节，但一方面，职业院校开展的实践教学规划是按照学科专业划分的规格来制定的，在导向上侧重于与专业知识教学相匹配，突出的是技术技能的学科专业性。职业技能却与之不同，它源于生产实践又终于生产实践，其专业性只体现在精准地完成生产实践任务的过程之中。职业院校开展的实践教学虽然也强调与生产实践对接，但在行动逻辑上跟职业技能培训有着根本性差异。另一方面，在现行的职业院校教学体系中，学生大都是在学业的最后一年安排实习实训，也是在相近的时间里进行学位考试以及职业资格考试。在教学计划和教学大纲中，通常既没有设立单独的职业技能培训课时，也没有划分职业技能培训的时间段，尚未能够很好地体现出课证融通、证考融合的原则，这就导致职业院校的学生很可能无法在当前的教学体系中获得优质的职业技能培训，也就很难顺利通过职业技能的等级考核。

除此之外，不少行业的职业技能等级证书报考条件也与当前的职业院校教学体系有冲突。例如，部分职业技能等级证书的报考条件要求报考者必须拥有一定年限的工作经历，于是没有工作经历便成为在校学生参加"X"证书考核的"硬伤"。基于职业院校学生的实际情况，他们往往只适合参加普通水平评价类技能人员资格证书的考核，而尚未满足准入类职业资格考试的相关报考要求。在1+X证书制度试行阶段，国家选取的主要是现代农业、先进制造业、现代服务业、战略性新兴产业等领域，这些新兴产业受传统职业资格证书制度的约束较小，职业院校教学体系与职业技能等级证书考核要求不匹配的问题尚不明显，但随着1+X证书制度实施范围的扩大，逐渐涉及传统行业时，该问题就将成为推广普及1+X证书制度的难题。

三、职业教育1+X证书制度实施的方略

（一）建立以职业教育培训评价组织为主，校政行企共同参与的协同推进机制

坚持政府引导、社会参与是职业教育1+X证书制度实施的基本原则。1+X证书制度涉及主体众多，牵涉面广，为了确保1+X证书制度规范有序推进，《试点方案》中明确划分了各主要参与主体的职责，校政行企各类主体不但要各司其职、各尽其责，更要相互配合、协同联动，充分发挥出多元主体共同参与的合力。

1. 职业培训评价组织要发挥主导和核心作用

《试点方案》指出："培训评价组织作为职业技能等级证书及标准的建设主体，其职责范围主要包括标准开发、教材和学习资源开发、考核颁证等。"由此可见，职业培训评价组织作为对1+X证书质量和声誉负总责的主体，既是职业技能等级证书和标准的开发者，也是实施者，还是证书的发放者，理应加强自身组织的建设和专业能力的建设，发挥好主导和核心作用，引领1+X证书制度平稳、

高效、长远发展。

2. 政府部门要做好顶层设计和基础设施建设

《试点方案》指出:"国务院教育行政部门要做好职业教育与培训标准化工作的顶层设计,指导职业技能等级标准开发。"可见,在 1+X 证书制度实施过程中,政府部门主要扮演的是指导者和服务者的角色。相关政府部门应当在建设好国家资历框架和学分银行的基础上,着重把控好职业培训评价组织的准入和遴选过程,引导好职业培训评价组织的建设,并对 1+X 证书制度实施情况进行监测和监督。尤其要创新职业技能等级证书管理制度,放宽相关行业技能等级证书的报考条件,解决好 1+X 证书制度实施推进过程中有可能遭遇的各种体制性难题。

3. 行业企业要提高参与度

《试点方案》指出:"行业组织要热心支持培训评价组织的建设和发展""深化校企合作,充分利用院校和企业场所、资源,与评价组织协同实施教学、培训"。行业组织、企业作为 1+X 证书制度实施的重要参与主体,应当积极发挥各自的主体作用。行业组织要利用好自身的信息优势、专业优势和人才优势,为 1+X 证书制度有效实施建言献策,提供咨询和建议。企业要深化校企合作,积极参与职业院校人才培养过程,为职业学校开展职业技能培训提供应有的帮助。

(二)深化教学体系改革,构建专业教育和职业技能培训一体化发展格局

《试点方案》指出:"(职业)院校是 1+X 证书制度试点的实施主体。"职业院校是技术技能人才培养的主体,提高人才培养质量是分内之责,实施 1+X 证书制度的重要目的之一就是要在学校教育阶段强化职业技能培训,完善职校学生能力素质结构,提高技术技能人才培养的质量和效率。职业院校作为 1+X 证书制度的实施主体,必须增强责任感和使命感,深化教学体系改革,切实推进证书内容培训与专业人才培养相融合,构建专业教育和职业技能培训一体化的发展格局，打牢 1+X 证书制度有效落实、可持续发展的基础。

1. 职业院校要创新人才培养模式

1+X 证书制度是一种面向职校学生的新型人才评价体系，职业院校应根据 1+X 证书制度的实施要求，积极开展人才培养模式、培养方案的创新探索，系统梳理各学科专业人才培养的目标和定位，结合 1+X 证书制度重构人才培养模式，重新修订人才培养方案，明确各专业的职业技能等级证书组合系列，为教学体系的重塑指明方向，为学生的学习规划和职业发展规划提供科学指导，做到以证促改、以证促学。

2. 职业院校要建立职业技能培训体系

职业技能培训与等级考核进校园，要求职业院校改革现有的实践教学体系，使之与职业技能等级证书的考核要求相适应。一方面，职业院校要更新实践教学理念，摆脱学科专业划分对实践教学的束缚，要更加注重实践教学的职业性、技术性，严格按照职业岗位的真实技能需求来制订实践教学内容和方案；另一方面，职业院校要调整与企业进行合作育人的形式，要在企业实习实训中更加突出技能训练导向，在与合作企业沟通协商的基础上，适度延长学生入企实习实训的时间。

3. 职业院校要创新课证融通制度

课证融通是提高职业院校人才培养质量的有效途径。1+X 证书制度的启动实施为职业院校创新和深化课证融通制度提供了有利契机。职业院校要按照课程内容与职业标准对接的原则，将职业技能等级证书所要求的考核内容纳入日常教学系统中，力求专业课程内容、课程标准与职业技能等级证书鉴定标准相一致，有条件的职业院校应设立单独的职业技能培训学时和课程，通过集中培训、以证代考等多种方式以此来促进学生掌握相关的职业技能。

(三)健全监督评价制度,严把1+X证书考核颁发质量

建立健全监督评价制度是实施1+X证书制度的重要环节,是确保1+X证书制度规范运作、持续优化的重要保障,更是严把1+X证书考核颁发质量的核心举措。《试点方案》明确指出要"建立职业技能等级证书和培训评价组织监督、管理与服务机制""对培训评价组织行为和院校培训质量进行监测和评估"。对此,实施1+X证书制度,必须把建立健全监督评价制度摆在突出位置,多方着手推进实施。

1.要加快制定评价标准,建立评价指标体系

实施1+X证书制度主要包含两大板块的工作:一是职业技能等级证书的开发、引用、考核和发放,主要工作由职业培训评价组织承担;二是职校学生职业技能的培训,主要工作由职业学校承担。建立1+X证书制度监督评价机制,首先要针对上述两大工作和两大主体分别制定相应的评价标准,建立评价指标体系,让1+X证书制度实施的各个工作环节都有监督评价依据。

2.要加快健全监督评价机制,纳入多元评价主体

《试点方案》明确要求:"教育行政部门和职业教育指导咨询委员会要对培训评价组织行为和院校培训质量进行监测和评估。"可见,1+X证书制度试点阶段的监督评价主体主要是教育行政部门和职业教育指导咨询委员会,但随着试点范围的扩大,建立多元化的监督评价机制将成为必然选择。现阶段在做好政府监管的同时,还应当适时纳入职业学校、企业、行业组织、职校师生等监督主体,构建起现代化的多元监督机制。

3.建立信息反馈及奖惩机制,促进1+X证书制度不断优化完善

评价结果的运用是监督评价机制的重要组成部分,也是监督评价机制产生效用的关键。在实施1+X证书制度的过程中,政府应当探索建立评价结果信息反馈及责任追究机制,在监督评价结果形成以后,也要及时反馈给各相关单位,对于行动积极、做出突出贡献的组织和个人,应当给予相应的表彰和奖励,反

之则应酌情给予处罚，以此促进 1+X 证书制度不断优化完善。

（四）加强职业培训资源建设，保障校内外技能培训资源供给

职业教育本身即包含了职业学校教育和职业技能培训。过去我国发展职业教育事业在一定程度上忽视了职业技能培训的重要作用，对职业技能培训资源的投入也严重不足，导致职业技能培训成为我国职业教育体系中的"短板"。新时期启动 1+X 证书制度试点工作，就是要改变传统的职业教育发展模式，将职业技能培训真正融入专业人才培养的过程中。职业技能培训是专业性和实践性都很强的工作，在职业院校中开展职业技能培训，必须加强职业培训资源建设，保障校内外技能培训资源供给，为 1+X 证书制度实施奠定物质基础。

1. 要加强职业技能培训专业课程建设

职业院校要优化课程结构，搭建基于"公共基础课+专业理论课+专业技能课"的多元课程模块，按照"X"职业技能等级考核要求开发专业技能课的授课形式、教学内容等。在专业技能课教学模式上，职业院校要注重搭建产教结合的学习情境，更多采用入企实习实训的方式开展教学，从而让专业技能培训落到实处、取得实效。

2. 要加强职业技能培训的师资力量建设

"双师型"教师数量偏少是制约职业院校实践教学的主要因素之一，推进职业技能培训进校园，必须大力加强师资力量建设，尤其要多方着手提升专业教师群体的实践能力。首先，职业院校要着力深化师资力量建设方面的校企合作，引入更多产业、行业专家入校指导专业教师实践能力培训提升工程建设，优化专业教师在职培训体系。其次，职业院校要积极拓展校企合作范围和规模，为院校专业教师进入行业企业挂职锻炼创造机会和条件。

3. 要加强校内外实习实训基地建设

实习实训基地是职业院校开展实践教学的主要场所，也是进行职业技能培训的重要载体。各级地方政府应认识到实习实训基地建设对 1+X 证书制度实施的重要意义,加大财政资金的投入,提供多种融资的支持,为职业院校建设高水平实习实训基地提供物质保障。同时,职业院校要与行业企业探索建立校企合作,利用好产业资金资源,以共建共享的方式与企业联合建设校内外实习实训基地,拓宽实习实训基地建设的资金来源渠道,提高实习实训基地建设的效能和利用率。

第二节 1+X 证书制度的内涵

随着国务院正式颁布了《国家职业教育改革方案》，国内的各所职业院校纷纷开始实施 1+X 证书制度，即在学历证书的基础上增加了若干职业技能证书。这一证书制度的实施属于职业教育的一大创新，也为高职院校人才培育模式形成了全新的发展方向。在新时期的高职院校职业教育中，不仅需要加强对学生的学历教育，还应当关注学生其他方面的职业技能培养。

一、1+X 证书制度的特点

根据职业教育的相关条例可以知晓 1+X 是一种类型教育，因而它的许多制度内容都应当具备类型教育的特征，无论是在具体的教育培养方式还是评价制度上，都应当朝着类型教育的角度完善和拓展。对于职业教育而言，它最大的特征在于能够与社会需求相互结合，同时应当注重校企合作和工学结合，以学生的就业为导向，不断地完善基础的人才培养模式。正因为它的特征，因而职业教育除了需要重视学生的学历教育以外，还应当结合市场的实际需求做出灵活的调整，而 1+X 制度便是对这一教学目标的合理诠释。基于这一制度下所培育出来的人才，不仅能够高度符合国内职业教育的相关要求，还迎合了社会岗位对人才标准的真实需求。在这一制度的影响下，职业院校的培养方式和目标都应当进行适当的改善，重视校企合作与产教结合，使得学生能够在加强基础学识的同时不断提高职业技能，从而实现双元化的成长。

二、1+X 证书制度的实施内涵

（一）1+X 证书制度有相关的制度实施基础

事实上，在 20 世纪末期我国产开始推行双证书制度，但是这一制度的适用范围一直得不到合理的拓展,仅仅在职业院校获得了不小的收获,不仅提高了学生的基础学识,还促使学生掌握了更多的职业技能,并且对于学生的实习和就业能力都有着明显的推动作用。随着近些年科技信息技术的迅速发展,双证书制度的实施面临着更大的困难。科学技术的迅速发展对整个社会的生产生活方式都形成了巨大的影响,而如此之快的变化,仅仅依赖于以往的双证书制度是难以迎合学生实际成长需求的。1+X 证书制度则是在双证书的基础上延伸和创新出来的制度,学历证书与其他职业技能证书不仅拥有共同的教育目标,同时培训的主要对象也是学生,即便是内容方面也呈现出了良好的互补状态,与之前的双证书有着明显的区别,但正因为双证书制度的长期存在与发展,为 1+X 证书制度的实施奠定了基础。

(二)1+X 制度是对职业资格证书关系的进一步处理

在逐步实施 1+X 证书制度以后,直接面临的问题便是对 X 和职业资格证书关系上的处理,同时还需要开展与职业资格证书相关的各种教育和培训活动。根据当前的教育状况分析,职业资格证书的存在依旧有着相当重要的意义,而 1+X 制度则是对职业资格证书关系的进一步处理。首先,根据职业教育相关规定,国内高职院校开展职业资格证书教育符合法律要求;其次,在当前的社会需求当中,许多行业对于职业资格证书都有着明确的规定,最为明显的如医疗和教育行业;最后,现如今的国内高职院校教育,依旧非常关注学生从业技能和资格方面的培训。因此,在正式推行 1+X 制度以后,职业资格证书教育和培训工作的开展有待于进一步完善,并且应当结合当前的人才培养需求展开分析,做出决定,进而确保 1+X 制度的实施更加科学和有效。

(三)1+X 是互相融合状态下的一种标准体系

在 1+X 证书制度的实施过程中,虽然 1 与 X 在教学体系中并不属于独立的个体,但两者却可以在互相融合的过程中形成完善的标准体系。学历证书所象征的主要是学生的学历状况,它彰显着学生德智体美劳的发展状况,对于职业技能的教育而言有着直接的参考和指导意义。因而 1 在其中发挥着基础的作用，X 则意味着具体的职业素质培养，同时能够对各种新技术以及应用提供良好的补充和拓展。X 在整个证书制度体系中主要可以用来结论一些职业技能，而且具有良好的引导教育功能。一旦 1 和 X 的关系达到了较高质量的融合，那么便能够充分提高职业院校的教育水平，进而达到产教结合的根本目标，一定程度上还能够提高学生的就业率。除此之外，1+X 在基础的教育工作内容上也有相当大的推动作用，如对于专业调研便有着相应的指导和研究意义，有助于制定出最符合社会岗位需求的教育规划。

三、1+X 证书制度的意义分析

（一）1+X 证书制度所体现出来的新变化

1+X 制度的实施需要变化开发主体，而在这项全新的制度当中，开发主体不再是职业院校本身，也不是各类事业单位，转而变成了职业教育培训评价组织。这一组织对于成员招收的要求相对较高，不仅需要具备较高的教育和培训素质，还能够拥有高水平的开发和培训经验，并且可以对技能做出适当的评价。现阶段，我国对于职业教育培训组织的重视度依旧不是很高，再加上这一组织缺乏科学的管理体系和发展规划，因而有必要在新时期加以完善和拓展，努力打造迎合 1+X 制度实施的新型教育评价体系。同时，在 1+X 证书制度的影响下，职业院校的教育还应当努力创设良好的教育环境，不再将学历教育作为唯一的教育内容，转而开始推动学生朝着综合技能的方向进行拓展，鼓励学生通过自己的学习来获得更多的职业技能证书，并持续改善教育成效。

（二）推动了职业院校教学模式的多方面改革与发展

1+X 制度的实施涉及了许多方面的利益，因而也会在多个角度上影响到职业院校的教学模式。为了充分迎合新时期的教育改革需求，高职院校应当努力配合 1+X 证书制度的实施需求，不断完善相关的教育体系。由于具体的教育改革工作颇多,因而职业院校有必要结合实际的社会发展需求做出调整。首先,职业院校应当加快对职业技能等级证书的开发,并且还需要根据培训的需求设计和开发相关教材,建设针对性的考试题库。为了便于学生和教师的教学信息查询,还有必要建立证书制度管理平台。1+X证书制度的实施,最为关键的内容在于基础制度的完善,因而对于相关的管理机制也应当加以优化,要确保管理机制能够满足考核需求,并且应当充分彰显学生的职业技能水平。在整个教学模式的改革过程中,对于证书发放的安排和教育模式的改革都需要给予重视,提前建立明确的工作准备,不断推动职业院校教学模式的改革与发展。

(三)1+X证书制度有助于深化职业教育教学改革

在当前时代的发展当中,1+X证书制度不仅是国家职业教育制度建设过程中的一项基础制度,也是推动我国特色职业教育改革的创新措施。随着1+X证书制度的逐步完善和实施,必然能够深化职业教育教学改革,使得职业院校的教育体系变得更加科学合理。首先,1+X证书制度的实施能够完善相关的职业教育与培训体系,并且可以逐步优化职业院校的教育机制,进一步明确办学方向,深化人才教育模式,多方面推动经济社会的发展。同时,从职业院校内部考虑,1+X制度是学生参与技能教育的全新动力,能够从本质上唤醒学生的学习积极性,也有助于加强校企合作,形成多样化的职业教育格局。其次,基于1+X证书制度基础上,学历证书能够与职业技能证书相融合,进而将职业技能标准与专业教学标准紧密联系起来,使得职业技能培训内容可以与专业课程教学内容融合到一起,实现职业技能与专业教学的统筹合作。随着社会岗位的不断变化,职业院校的教育也需要对学生的职业技能教学做出合理的规划,持续同步考试请假,将一些全新的技术与规范融入人才的培养过程中。为了迎合学生的就业需求,职业院校需要主动调整自身的教育模式,结合就业市场的新要求来深化教学改革,提高职业教育活动,推动经济社会的创新发展。接着,1+X证书制度的实施,使得职业技能等级标准得到了重新制定,职业技能教材和相关资源也随之开发，评价考核和证书发放都由第三方来进行完成，这一制度体系实现了教育与考核之间的分离，有利于对人才进行客观评价，也有利于提高职业院校的教育质量。最后，随着1+X证书制度的深化，必然会带来教育教学管理模式的多方面改革，各种全新的人才培养模式会在这一制度的影响下逐步涌现出来，而这些变化会使得现有的职业院校管理模式受到多方面冲击，需要跟随这些变化做出相应的调整，以保持较高的教学活力。

总而言之，1+X制度的实施必然会使得国内的职业教育和培训工作发生变化，这一制度本身是学历证书与职业技能证书的结合，它与传统的双证制度有着较大的区别。在1+X制度的多重影响下，职业院校需要结合市场变化和学生成长需求来展开教育改革，对学生采取综合性培养策略，达到多重培养目的，促使学生在新时期获得全新的发展和成长契机，在增加自身基础知识的同时获得更多的职业技能，进而能够更好地迎合社会发展需求，成为新时期的高水平职业技术人才。

第三节 1+X 证书制度实施路径研究

国务院印发的《国家职业教育改革实施方案》(职教 20 条)清晰明确指明了我国高等职业教育未来的发展方向,我国职业教育人才培养的标准和方向。职业院校要培养综合职业能力强,专业知识涵盖全面,职业素养高和技能操作强的技术技能型人才,缓解就业问题和国家经济转型急需的高端技术技能型人才问题。其中"1+X 证书"制度为最新提法,"1+X 证书"制度是今后相当长一段时间职业教育要重点建设的内容。

一、"1+X 证书"制度的内涵及价值导向

(一)"1+X 证书"制度的内涵

"1+X 证书"制度中的 1 与 X 是两个相对独立的部分,既有共性又有其各自特殊性,职业教育学历证书的共性在于强调人才素质的培养,特殊性在于要注重职业技能的培养,职业教育学历证书的要求是培养适应产业经济社会发展需求的高素质劳动者和技术技能人才。职业技能等级证书的要求是培养具有高端技术技能的人才,共性和特殊性的有机结合。"1+X 证书"制度的内涵是基于质量保障机制和成果导向原则,其实施是通过书证融通与学分认定、积累和转换来实现学历教育与职业技能培训的互认和衔接的过程。职业技能是劳动者将来就业、创业所需要的技能和能力,当求职者的能力达不到工作岗位能力和创业要求时,就业就很困难,失业便成为了常态。

"1+X 证书"即学历证书 + 若干职业技能等级证书,学历证书是指学生学完学校制定的专业人才培养方案系列课程并合格,国家教育主管部门授权发放的用来证明受教育者的求学经历及学习情况的证明。职业技能证书是指证书获得者具备从事证书所对应的职业和岗位所必备的学识和能力的证明,它是证书获

得者求职、任职的资格凭证,也是用人单位招聘、聘用员工的主要依据。职业资格证书与职业技能密切相连,反映持有者具备特定职业的能力。职业技能等级证书是指劳动者具有从事某一职业所必备的学识和技能水平等级的证明。职业技能等级证书分为初级、中级、高级,是职业技能水平的凭证,反映的是职业活动和个人职业生涯发展所需要的综合能力。若干职业技能证书即 X 证书,是指证书获得者具有从事某一岗位(群)能力要求所必备的学识和技能水平等级的证明。

(二)"1+X 证书"制度的价值导向

"1+X 证书"制度的价值导向表现在基础价值、核心价值和目标价值三个方面。

第一,基础价值。职业教育主要培养目标是社会需要的技术技能人才,传授满足生产劳动所需要职业精神、知识技能。职业教育的出路是要对接行业、产业需求,要符合科技发展变化,对岗位需求进行知识、技能和能力的精准定位。

第二,核心价值。职业教育不是普通教育的翻版,职业技能人才培养的特殊性决定其不能走普通教育的道路,对于教学内容要言之有物,符合典型工作岗位(群)的真实需要,这就需要学历证书与职业技能等级证书内在衔接,要变革学历证书面向的专业(群),将职业技能等级证书培训内容及要求有机融入专业人才培养方案中,优化专业课程设置和教学内容;师资上,要加强专业教学团队建设,提升教师能力水平;教学评价上,要变革评价形式及内容,要以职业岗位需求能力为导向。

第三,目标价值。畅通技术技能人才成长通道。学历证书与职业技能等级证书都是基于产业需要,在目标价值取向上具有一致性,将职业技能等级标准与学历证书对应的专业建设、课程建设、教师队伍建设有机融合,实现学历证书与职业技能等级证书的互联互通,搭建学历证书与非学历证书"立交桥"。

二、实施"1+X证书"制度的阻碍因素

(一)实施"1+X证书"的"三教"基础薄弱

"三教"是指教师、教材、教法。职业教育教师基本都是从学校毕业到学校任教,职业教育理论欠缺、实践能力不足表现尤为突出,高职教育师资队伍是职业教育质量的根本保证。随着职业教育的发展,职业教育开始重视教师"双师"能力建设。"双师"是指既懂专业实践又懂专业理论教学的教师。虽然职业教育开始重视"双师"教师,但是因为各种原因,"双师"建设困难重重。2018年的统计数据显示,我国高职院校"双师"教师占比不到40%,中职学校"双师"教师占比更低,只有32%左右。由于对"双师"认定标准缺失,致使各个学校认定"双师"的标准各异,从而出现"双师"比例统计不准确,"双师"认定要求降低。《国家职业教育改革实施方案》提出,职业教育教师必须具有一定年限的企业工作的经历,这预示职业教育教师队伍建设将得到极大的改善。职业教育教材资源之前基本是普通本科通用教材,近些年来才有了高职高专系列教材,中职教材更少。教辅大部分使用的是PPT,微课、慕课、翻转课堂、线上资源等体现现代教育技术的资源仍然缺乏。在教法方面,主流仍然是老师讲学生听模式,职业教育培养的是技术技能型人才,强调学生的动手能力,纯理论教学方式既枯燥又无法调动学生的学习兴趣,"三教"基础薄弱限制了"1+X证书"制度的实施。

(二)"1+X证书"认证机构不清晰及认证标准体系不完善

2018年人社部废除了近百种职业资格证书,2019年国家出台《国家职业教育改革实施方案》,鼓励职业教育学生在获得学历证的基础上积极取得多类职业技能等级证书。《国家职业教育改革实施方案》推出后,教育部、人社部等部门迅速作出部署,出台了系列"1+X证书"制度实施措施指导意见,由人社部门下属职业技能鉴定中心牵头开展系列职业资格等级证书认定,然而行业协会管

理认定职业资格等级证书尚无具体的措施。

标准是质量的保证。普通教育和职业教育是两种类型不同的教育，二者人才培养的定位不同。两种教育类型、不同的人才培养定位，如果使用一套标准，培养的质量就会出现问题，培养出来的人自然无法达到预期的目标。职业教育急需国家标准，职业教育标准需要教育、行业、企业联合制定推行。可喜的是，《国家职业教育改革实施方案》提出，职业教育要构建全面、系统的职业标准，针对"1+X证书"制度而言，课程标准、教学标准、实训室建设标准、顶岗实习标准将全面进入"国家标准"时代，这些标准的制定为"1+X证书"制定的实施将起到积极作用，职业教育质量将得到极大的提升。

三、职业教育"1+X证书"实施路径

（一）"1+X证书"的"三教"改革实施路径

"三教"改革是指教师、教材和教法的改革，传统高职教育在"三教"方面存在较多问题，如在教师方面存在动手能力弱、知识更新慢等问题；教材方面存在教材老旧、针对性不强等问题；在教法方面存在教法落后，现代信息化教学能力弱等问题。实施"1+X证书"改革，"三教"改革是前提，教材、教师和教法是推进和实施"1+X证书"的载体。

1. 建立"1+X证书"的"双会双元"教学创新团队

实施"1+X证书"制度工作，教学团队建设是重点，教学资源建设是关键。"双会双元"教学创新团队建设，选择校内校外优势资源组建"双师"结构教学团队，发挥行业协会和教学指导委员会的"双会"指导作用，建设团队方案，维护团队成员职业道德、师德水平，增强教师教学实践能力、课程标准开发与应用能力、团队协作能力、信息技术应用能力，从而实现"双师"教师比例和"双师"能力的提升，保证教师的能力符合"1+X证书"教学要求。发挥校企"双元"育人、

"双会"指导作用，利用"双会双元"资源提升教师的实践动手能力、信息化建设能力、获取所属行业新知识的能力。

2. 建立"1+X证书"课证融通的模块化课程资源体系

在"双会双元"教学团队基础上建立行业协会、行指委、职教集团、协同企业协作共同体平台，发挥平台作用，保持与行业企业的密切联系，及时引进所属行业的新技术、新标准、新工艺，对接职业标准，制定所属行业相对应专业的"1+X证书"制度课程体系，将职业技能等级标准的内容融入专业课程教学，研究制定专业能力模块化课程人才培养方案、培训标准，研究培训模块与专业课程的融通，培训教材、培训资源、培训课程的讲授、教学方法的创新，使其对接职业素质在各模块教学中实施，实现课证融通，促进书证融通。

3. 创新"1+X证书"教法

实现"1+X证书"中的"X"，需要调动学生的学习积极性和主动性，调动学生学习积极性和主动性最有效的方法是教师的教法能够吸引住学生，让学生对学习产生兴趣并主动参与其中。教法又分为教学手段和教学方法。教学手段分为板书、多媒体展示。教学方法分为讲授法、讨论法、直观演示法、练习法、读书指导法、参观教学法、现场教学法、自主学习法、任务驱动法等。

现今职业教育的教法仍以传统的方法为主，已经不能够满足现代教学的需求，吸引不了学生的视觉和兴趣，因此无法调动学生学习的积极性。教法改革必须是教法分离，专业团队（教师、行业专家、学生）负责课程资源开发，开发符合时代需求的教学资源，包括微课教学资源、慕课教学资源、教学视频资源、信息化教学资源、教材资源等资源。教学资源与职业标准、岗位要求对接，实现任务驱动。教师团队负责讲授，熟练掌握课程资源（职业标准、岗位要求、信息化运用、教材），熟悉课堂设计技巧，适应个性化教学模式的要求，有特色鲜明的教学风格，最终实现教学手段与教学方法的有机结合。

（二）建立"1+X证书"的"四联"协作共同体认证体系

利用行业职教集团建立职教集团联盟，联合联盟内院校和企业构建协作共同体，协同推进"1+X证书"制度落地。在此基础上与其他团队联合，建设更大范围的协作共同体，实现共同体内课程体系统一，开展课程联合教学、联合考核、联合评价、联合诊改，探索学分银行改革，形成联教、联考、联评、联改的"四联"协作共同体。

协作共同体成员对接职业标准、企业需求进行专业方案设计，形成"1+X证书"制度的课程包和认证标准。在学分银行平台下，教师通过走教，学生通过游学积累学分，协作共同体通过制定的系列规范和标准，对课程进行学分认定、置换和转化，将认定积累和置换的学分转换成职业技能等级证书。

（三）"1+X证书"制度的学分银行框架及制度建设

学分制银行是另一种教育模式，它以选课为核心，通过学习时长和学习绩点反映学分，以学分衡量学生学习质和量，通过学分银行平台将学生学习质和量储存并反映，最终进行评价的一种新型教学管理制度。学分的认定、积累和转换是"职业技能等级证书"与"学历证书"衔接和转换的关键。实施"1+X证书"制度，应建立以学分认定、积累和转换为主要功能的职业教育学分制银行，学分银行管理系统服务学习者等多元用户。学分制是学分制银行的基础，学分银行是"1+X证书"制度的实现路径，"1+X证书"是终身学习战略的具体体现。学分银行管理平台的功能能够导出学员学习课程种类、学习时长、学分数量，指标数据与X证书要求进行对接转换，实现X证书认定，利于相关部门掌握学员终身学习状况。

第一，建设学分银行管理平台。要成立平台专门管理机构并进行人员配置，平台应该由课程管理和培训学分管理平台构成，平台具备人员信息、课程管理、班级管理、报名管理、报名审核、学分管理、学时管理、报表导出等功能，学分银行管理平台能记录、追溯、查询个人学习成果，实施学分积累、认定、转化。

第二，课程资源的建设。课程资源要满足专业群，岗位（群）要求。第三，系列制度的建设。包括学员管理制度、档案管理制度、学分管理制度、学分考核、认定制度等。第四，学分转化X证书办法及标准建设。第五，开展学习与培训。学习者根据职业等级标准要求，对照自己的能力水平和学习需求，制订学习计划，通过在职业院校开展模块化的学习与培训，使职业能力与素质达到目标等级要求。第六，证书的授予。

第四节 1+X 证书制度下人才培养模式研究

随着我国经济的发展和社会的进步,国家对人才的需求不断增加,其中对高级技术技能型人才的需求最大。为此,2019 年初国务院等相关部门对职业教育做出重要改革,并在很多职业院校和本科院校作为试点开始实施,旨在办人民满意的教育,更好地落实教书育人的任务,减缓就业压力,加强学生就业创业能力。

国务院印发的《国家职业教育改革实施方案》(以下简称《方案》)中提出"从 2019 年开始,在职业院校、应用型本科高校启动'学历证书 + 若干职业技能等级证书'制度试点(以下称 1+X 证书制度试点)工作"。《方案》为我国高等职业教育的未来指明了清晰的发展方向,同时也为我国高等职业教育人才培养模式制定了新标准。我国职业院校要培养一批综合能力强、知识面广、职业素养高以及实践操作强的高级技术技能型人才,从而缓解就业问题,为国家经济转型提供所需的高级技术技能型人才。其中首次提出的"1+X 证书"制度将成为未来国家职业教育的重点建设内容之一。

一、实施 1+X 证书制度试点工作的意义

高职院校对 1+X 证书制度试点工作的积极参与和贯彻落实,进一步完善了人才评价机制,深化了职教改革,理论及实践意义重大。首先,1+X 证书制度能积极促进并改善校企合作育人、校企深度融合。学校引导并参与职业资格证书和职业技能等级证书的建设,一方面使人才供给侧得到结构性改革,另一方面也有利于增强产业需求与人才培养之间的契合度,培养综合的高级技术技能型人才,提高并拓展了学生的就业能力和创业能力。其次,1+X 证书制度的首次提出是我国高职教育人才培养模式的一次独特开创。1+X 证书制度将一些新

的职业教育理念，如"校企协同育人""校企合作""产教融合""工学结合"等有机统一，让行业企业和技能鉴定机构等参与职业教育领域，与高职院校一起成为职业教育育人的新主体。另外，1+X证书制度对打造纵向一体化的产学研教育生态链有着很大帮助，1+X证书制度首创了高职人才教育的崭新模式，使行业企业等社会力量的积极性得到有效调动，使其参与到职业教育中来。1+X证书制度对教法、教材、教师进行深化改革，引导各高职院校之间有机统一、内外结合、长短结合，进一步优化教育生态链中的产学研一体化优势，使优势资源在各高职院校、行业企业之间得到了有效整合，提高了高职院校教育办学的活力，形成教育教学的整体优势。

二、高职院校实施1+X证书制度的策略及建议

（一）学校层面

首先，高职院校应积极转变人才培养观念，对专业人才培养方案和专业课程体系进行重新修订。高职院校在实施1+X证书制度时，应将教学标准中的培养目标、人才要求、课程标准、就业需求等与职业技能等级证书设定标准中的技能要求对应起来。高职院校可与培训评价组织和技能鉴定机构一起参与并完成X证书的培训及认定工作，并将此与新型人才培养方案相融合。在实施1+X证书制度试点工作时，高职院校应对1+X证书制度中"1"的学历证书课程体系进行规划改造，可在课程体系中对接不同就业方向、工作领域的基础理论课程和技能实践课程，并针对X证书的不同等级，对接其不同培训课程，为课程体系改造升级提供更多更好的服务。

其次，高职院校应加强1+X证书制度下的"双师型"师资队伍建设。积极建设一支具有先进教育理念、能担当X证书培训工作的高规格职教"双师型"师资队伍，可由高职院校教学名师、专业带头人、专业骨干教师以及行业企业

兼职教师等共同组成。高质量师资队伍建设是高职院校实施1+X证书制度的重要基础和重要支持。高职院校可与培训评价组织共同组织并参与X证书的开发、培训、认证工作，并通过院校教师顶岗实践、挂职锻炼、企业调研等形式加强师资队伍建设。

另外，在师资力量、技能培训、技能考核等基本条件满足之后，高职院校可向技能鉴定管理机构提出申请，积极设立职业技能校内等级鉴定站，为高职类学生的职业技能等级鉴定工作提供便利，降低职业技能鉴定的时间成本和经济成本。逐步建立并完善X证书中职业技能鉴定的工作规范，对职业技能等级考试管理和技能等级鉴定工作进行合理规划升级，进一步使1+X证书制度实施的基础保障条件得到完善。

（二）行业企业及技能鉴定层面

目前，高职院校的大部分专业都是由院校教师和行业企业专家所组成的专业教学指导委员会共同建立，在修订人才培养方案、设置课程体系、培养学生专业技能等方面发挥了重要的作用。行业企业是学生毕业后的就业单位，应与学校共同确定X证书的数量和种类。另外，行业企业的鉴定更具有实效性和针对性，与学校合作的企业如果经专业评估具有职业技能鉴定资格，可及时有效地对学生的实践技能进行鉴定评估，这将对学生有效就业和未来个人发展都具有着非常重要的作用。因此，行业企业及职业技能等级鉴定机构也应共同参与到修订学校专业人才培养方案及课程标准的工作中，共同完善1+X证书制度下的人才培养方案。

（三）配套制度建设

实施1+X证书制度应由政府组织牵头建设配套职业教育基地，高职院校、行业企业、技能鉴定机构共同参与，共同建设，共同管理，共同开展系列技能培训，对学生的职业技能等级进行认证，这将对促进产教融合与校企合作起到很大帮助。同时，针对1+X证书制度可在高职院校内部建立管理规范，并与培训评价组织、技能鉴定机构一起构成协同合作机制，对组织内部的管理机制、工作内容、工作系统进一步完善，构建1+X证书制度实施工作的运行机制。

高职院校实施1+X证书制度需要对其人才培养模式中的人才培养方案、专业课程体系、教育教学质量、人才定位、就业面向、师资队伍建设、职业技能鉴定等多方面进行升级改造。人才培养模式应根据1+X证书制度的人才培养方向而严格确立。1+X证书制度可使高职院校的教学水平和教学质量得到有效提高。同时，也使得高职院校学生能够全面发展，掌握更多的理论知识和实践技能。随着经济发展和社会进步，不断涌现出更多的新兴产业，各行各业更加需要不同专业的职业技术技能型人才。因此，在各高职院校中，应更深入地落实和实施1+X证书制度。高职院校应以1+X证书制度作为正确人才培养模式确立的依据，为国家培养出所需要的综合专业能力强、职业素养高、实践操作技能强的高级技术技能型人才。

第五节　1+X证书制度下"双师型"教师队伍建设研究

2018年，国务院出台的《中共中央国务院关于全面深化新时代教师队伍建设改革的意见》对新时代下职业院校如何进行高职教师队伍建设指明了方向，即要求要全面提升高职院校教师质量，建设一支高素质的"双师型教"师队伍。同时，国务院出台的《国家职业教育改革实施方案》中提出从2019年开始，要在职业院校、应用型本科高校启动"学历证书＋若干职业技能等级证书"制度试点（"1+X"证书制度试点）工作，《深化新时代职业教育"双师型"教师队伍建设改革实施方案》提出教师队伍是发展职业教育的第一资源，是支撑新时代国家职业教育改革的关键力量，建设高素质"双师型"教师队伍是加快推进职业教育现代化的基础性工作，要多措并举打造"双师型"的教师队伍。

一、"双师型"教师内涵

职业教育的第一资源是教师队伍的持续发展，是新时代下支撑国家职业教育改革发展和创新的关键力量。建设一支高素质"双师型"教师队伍是推进和实现我国职业教育现代化的一项基础性工作。从总体上来看，"双师型"教师不但需要具备深厚的专业理论素养，而且还需要有较强的专业实践技能，是既掌握职业教育规律，又掌握生产技术规律的教学人员。根据"1+X"证书制度教育培训的需要，职业院校专任"双师型"教师就是主要从事职业院校专业课程的理论知识教学及实际操作技能实践，具有较强的专业理论知识教学能力和一定的实践技术能力，在"1+X"证书制度要求下，在规定的学制时间内能够完成高技能人才培养任务的教师。

二、"1+X"证书制度对"双师型"教师的内在要求

职业院校作为"1+X"证书制度试点的实施主体，如何推进专业理论知识教学与证书获取相关的培训有机融合与衔接，避免出现专业教学和获证培训相脱节现象，将"1+X"证书制度试点工作的推进与"教师、教材、教法"改革相结合，是"1+X"证书制度试点工作推进的重点，也是关键。专业教师是"X"证书获取过程中的教学和培训最直接执行者，每名教师的职业技能水平都对"X"证书获取过程中的教学和培训质量产生直接的影响，"1+X"证书制度下职业院校需要建设一支能准确把握"1+X"证书制度内涵和理念，精准掌握"X"证书职业技能等级标准和专业教学标准，并能有机融合，满足新的专业知识、新的职业技能培训需求、适应"X"证书发展需求的"双师型"教师队伍。

三、当前高职教师队伍存在的问题

（一）教师队伍理实一体化教学的综合能力不强

目前，各高职院校都在大量引进专业教师，虽解决了教师数量不足的问题，但却又面临着另一个问题，很多专业教师厚此薄彼，过于注重专业理论和专业技能提高，忽视了教育教学水平提升，理论教学和实践教学综合能力不足。从学校毕业后进入学校任教专业教师，虽然理论知识丰富，但由于缺乏在企业的锻炼和实践，实践教学能力不足。从企业引进高职称技能人才，虽然具备较为丰富的实践经验和较高的技能水平，但理论知识欠缺，尤其是教育教学能力上存在短板，在教学设计、教学实施、教学方式等方面与教学实际需要存在一定差距。一部分专业教师长期没有深入企业进行实践和锻炼，对行业和企业目前的发展不熟悉，授课的内容不能适应当前行业和企业发展的需要。

（二）"双师型"教师队伍未真正成"双"

具备什么素质的教师才能称为"双师型"教师，这是"双师型"教师队伍建设的关键问题。但由于在国家层面缺乏详细、具有可操作性的认定标准，政策在落地执行过程中，不同省市、不同学校对"双师"认定标准不同。有的院校规定有6个月企业实践经历就可以认定为"双师"，而有的院校则要求有2年的企业实践经历，甚至有的院校规定教师参加或指导学生参加相关比赛获得省部级三等奖可以认定为"双师"。而且"双师"只是经过简单的具备某种条件而认定，而不是经过考核从而再评价认定。因此，认定的"双师"教师存在专业理论素养和专业实践能力问题，使"双师型"教师未能真正达到理论能力和实践能力真正成"双"。

（三）队伍结构不合理，团队作用不明显

目前，高职院校多是中青年为教学科研主导力量，教学队伍的来源结构中，大部分教师是从"大学—高职"，缺乏实际工作经验的高校毕业生，对高职教育

的理念、方法没有深入的了解和掌握,在教学过程中不能够有效将知识传授给学生。同时,在教学过程中,高职教师大部分处于"单打独斗"的状态,只管自己的一亩三分田,团队意识较差,融不进教学团队中,横向教学及科研经验交流较少,导致个人和整个团队作用发挥不明显,个人及团队的教学能力和科研能力不能得到有效的提升。

四、"1+X"证书制度下教师队伍建设举措

(一)聚焦"1+X"证书制度打造"双能力"教师团队

"双能力"是指专业教师有较强的教育教学和较强的实践技能培训两种能力,是"双师型"教师能力的重要体现。学历证书的获取,通过常规的教育教学、完成人才培养任务就可获得,但要取得若干技能等级证书,就需要一批有"双能力"的教师对学生进行相关技能培训,能指导学生针对专门"X"证书进行相应的技能训练,就要打造一支能准确把握"1+X"证书制度相关内涵和理念,掌握"X"证书职业技能等级和相应的技能要求,能对专业课程和证书培训内容有机融合的教师队伍,就需要打造一支有较强教育教学能力和技能培训两种能力的"双能力"的新型教师团队。

(二)聚焦"1+X"证书制度优化教师队伍结构

高职院校师资队伍结构的合理性,有助于提升对学生的专业理论教学和实践教学水平,有助于提升学校的教师队伍的活力和健康发展,有助于提升学校的科研能力,有助于提升学校办学的综合效率。在引进的教师中,大部分都是刚从高校毕业到职校任教,对职业教育缺乏深入的理解,对实践操作技能欠缺,特别是对如现代学徒制、"1+X"证书制度等新的人才培养模式不熟悉,对如何指导学生获取技能等级证书还比较茫然。因此,高职院校需要按新时代要求,加强教师队伍结构优化。一是要引进具有高技能、高学历的更高层次教师,提升教师理论水平;二是要聚焦"1+X"证书制度内涵要求,对教师多元化培养,

提高教师的实践创新能力,丰富教师的经历,培养一批能进行职业技能等级证书培训的教师;三是针对"X"证书职业技能要求,帮助教师建立培训制度,完善相关培训体系,提升教师的专业知识和实践技能等综合能力和深层次发展。

(三)聚焦"1+X"证书制度建立校企专兼职教师双向交流协作共同体

校企专兼职教师双向交流协作共同体不是学校专职教师和来自企业的聘请的兼职教师在一起的简单组合,它是一种主要由校企双方专兼职教师成员为共同完成人才培养任务而生成的内在需求的双向交流协作组织,是建立在基于校企双方自主、平等和互惠的,具有共同任务和目标的合作共同体。教育部、财政部在《关于实施职业院校教师素质提高计划(2017—2020年)的意见》中提出校企人员要双向交流合作,一方面学校选派教师到企业实践,学习掌握产业结构转型升级及发展趋势、前沿技术研发、关键技能应用等领域,以及企业的生产组织方式、工艺流程、企业文化、应用技术需求等内容,通过企业生产实践经验与成果和学校教学资源融合一体化方式,使企业实践成果直接拿来用作教学资源,并结合企业生产实际和前沿技术要求改进教学方法和途径,发掘学校资源和转化的科研成果和技术服务企业发展的方式和途径;另一方面职业院校可以设置一批兼职教师特聘岗位,聘请企业高级工程师、高级技术管理人员、高级技师等能工巧匠到学校任教。各高职院校可以和当地产教融合新兴企业等建立校企人员双向交流协作共同体,基于"1+X"证书制度要求建立校企双向互兼互聘的常态运行机制。

(四)聚焦"1+X"证书制度开展教师常态化全员培训

要全面落实教育部关于"双师型"教师队伍建设的要求,开展5年一周期的教师全员轮训制度,并对接"1+X"证书制度试点和职业教育教学改革的需求,探索适应职业技能培训要求的教师分级培训模式,培育一批具备职业技能等级证书培训能力的教师。高职院校要做好顶层设计,对接"1+X"证书制度试点和职业教育教学改革需求,针对"1+X"证书制度对"双师型"教师队伍的内涵需求,开展专业教师全员轮训，建立一套完善的教师轮训制度，健全轮训体系，要将教师培训全员化、常态化。将教师整体培训和个体培训相结合，将短期培训和长期培训相结合，将轮流培训和周期性培训相结合；改革培训内容和培训方式，使培训内容紧紧围绕当前的教学需要，从而不断提升教师的理论水平和实践水平。

高职院校教师队伍建设是影响我国高职改革与发展以及高职教育人才培养质量的关键性因素，教师队伍建设得好与坏，是保证学校教育水平提高和学校事业持续健康发展的重要保障。在"1+X"证书制度下，能否顺利获取若干"X"证书的关键在教师，高职院校应聚焦"1+X"证书制度、现代学徒制等内涵要求，对教师队伍建设应当进行相应改革创新，不断加大对教师的建设和培养力度，建设一支具有丰富专业理论知识和较强实践能力的"双师型"专业教师队伍，使传统意义上的教师向专家型、证书型教师转变。

第六节 1+X 证书制度的试点实践案例

2019年1月，国家职教二十条提出，开启在学历证书上加若干职业技能等级证书制度，并开启试点工作。紧接着，1+X 证书制度于2019年4月伴随《关于在院校实施学历证书加若干职业技能等级证书制度试点方案》和《职业技能等级证书监督管理办法（试行）》而开始实施，2019年5月全国开始试点院校的推选，同时试点工作开始着陆。物流管理专业作为首批 1+X 证书制度的试点项目之一，确定了355所试点院校。太原旅游职业学院作为首批物流管理 1+X 证书制度实施主体之一，一直在努力探索着物流管理 1+X 证书制度落地的实践方式方法。

一、试点单位落实工作所面临的问题

物流管理专业作为首批 1+X 证书制度试点，大多专业带头人均带有报亦喜亦忧的情绪，喜的是能成为极少数的试点院校，可以第一时间参与 1+X 证书制度的推进完善，学生能成为首批物流管理 1+X 证书制度的受益人，这种具有黄金学分的技能等级证书，将成为学生以后的行业职业发展中的有力助力。忧的是作为首批试点院校，没有既成的成功实践方式可循。主要面临如何解读 1+X，如何实现 1 和 X 完美融合，教师如何快速转型，项目如何顺利推进的四大问题。

（一）如何解读 1+X 证书制度

职业教育的特点决定了其融合、衔接、综合的特质，学校在育人中需契合行业、产业、企业发展的需要，培养具有较高职业素养和技能的人才。需要行业、企业、院校甚至社会组织联合育人，1+X 证书制度可以有效地解决行业、企业、院校甚至社会组织联合育人的问题。其作为一项制度，可以有效地将学历证书和职业技能证书（即 X），在特定的考核评价模式下完善院校的人才培养方案，

使X起到对于学历证书的修补、强化以及拓展的作用。1和X是隶属于统一体系并且互通互补的。因此，正确解读1和X是各试点院校需首先完成的任务。

（二）如何让1和X完美融合

试点单位要落实1+X证书制度，需考虑如何将X和1在行业发展的特定环境下的融合问题，怎样将院校专业的人才培养方案与若干职业技能等级课程相融合，怎样将院校的师资常规授课方法向培训师培训方法融合，怎样将学生的学习内容和职业技能相融合，怎样将院校的评价机制和X的评价机制相融合。不解决以上问题，做不到1和X的完美融合，1+X证书制度的落地都将出现很多的问题。

（三）教师如何快速转型

"1+X制度试点方案"中提出1+X证书制度试点要与教师队伍建设相结合，进而推进1和X的衔接，通过提升教师培训授课质量提升学生职业技术能力。通过试点，推进三教改革。院校作为1+X证书制度实施的主体，必须充分明确师资队伍的建设为关键点，重点强调教师的作用，三教改革，核心是教师，教师作为三教改革的驱动力，关键作用显而易见，所以，如何促进教师在承担X培训项目上的快速转型，便成了亟待解决的问题。

（四）解决瓶颈是落实的关键

试点院校在落实1+X试点工作中，会遇到诸如：如何快速结合学校实际开展工作，如何协调多部门联合办公，如何解决培训教材对开设课程的修补和拓展，如何解决考核站点的环境和设备问题，如何建立有效的推进考核制度等等。所以，解决试点院校实施中遇到的瓶颈问题，是可以顺利推进1+X证书制度的关键。

二、以太原旅游职业学院为例分析落实

（一）解读政策，成立项目组

太原旅游职业学院的物流管理专业始办于2006年，建设十几年来，通过央

财支持、省级示范专业、省级示范实训室建设,以及正在进行的优质校重点专业建设等项目的推动下迅速生长,形成了一个持续研究并锐意进取的专业团队。自1+X证书制度开始启动,物流管理专业团队便开始展开专题教研活动,研读政策并着手申报试点。同步在物流管理师生中召开专业讲座,以专业带头人、一线教师和学生视角分别解读物流管理1+X证书制度,试点院校申报一成功,便开始针对该项目的推进与落实成立了项目组,项目组人员遴选兼顾资深专业教师和行业优秀讲师承担培训师工作,对专业等级、专业工龄以及职称都做了具体要求。在工作分工上,采用项目管理人员、项目助理、培训师、考评师和考核系统管理人员分工合作的方式,以确保试点工作的顺利推进。最终形成了一支雄厚的师资团队。

(二)置换、修补、强化与融合

太原旅游职业学院为中级试点单位,根据《高等职业学校物流管理专业教学标准》和《1+X物流管理职业技能等级标准(中级)(草案)》,结合学校物流管理专业人才培养方案,形成了《1+X物流管理职业技能等级标准(中级)与太旅院物流管理人才培养方案衔接融通方案(草案)》,并结合方案制定了培训计划。因首次参与首批物流管理1+X证书制度技能等级考试的学生为物流管理大二年级,物流管理技能考核中的部分内容在一年级的教学中已经完成,部分内容考点只需修补、强化和拓展。所以采取了部分课程置换和系统串讲基础的做法,将本学期开设的《物流案例与实践》课程学时与需修补和强化的培训内容置换。同时协调教务处,将参加考核的班级停课一周完成物流管理1+X证书制度认证基础部分的串讲。

(三)完成教师向培训师的完美转型

1+X证书制度突出了"教学做考"四位一体,面临三教改革,教师、教法、教材三融合,核心是教师。教师是驱动教材和教法的核心因素,完成1+X证书制度的落地职业院校专业教师首先要完成专业教师向培训师的转变。完成学历教学向技能等级教学的转变，完成传统教法向培训式教法的转变。这需要教师自身的学习结合转型培训完成。按规定每个试点需拥有培训团队6人左右，需至少三名教师取得培训师资格方可展开培训，太原旅游职业学院1+X物流管理项目组，先后选派多名教师参加学习培训，并通过培训师资格考核。并在此基础上利用网络资源和行业师资培训资源，学习培训领域的相关课程，学习培训领域的有效工具和方法，逐渐完成教师向培训师再向导师的转型。

（四）工作推进稳中有序

太原旅游职业学院在积极落实试点工作过程中，采用了项目引领的工作模式。根据时间节点，制定工作项目，完善工作目标再逐一分工落实，之后再结合评价机制查漏补缺，使整个项目历程形成一个可循环的闭环，以便高效地完成工作任务。在推进过程中，很多工作任务涉及学校多部门联合办公，太原旅游职业学院每周例行院长办公会统一组织部署落实部门和个人。比如：根据《关于申报首批物流管理1+X证书制度试点考核站点的通知》中考核站点设备和环境要求，太原旅游职业学院物流管理专业现有实训场地不能满足考核站点需要，涉及采购流程、安装方式和后期安装调试等工作，需协调后勤处和电教中心联合专业共同完成，由太原旅游职业学院每周例行院长办公会统一组织部署，从而保证了多部门联合办公的效率。

第四章 新技术应用研究

第一节 "互联网+高等职业教育"

一、"互联网+高等职业教育"的背景

"互联网+"是指以互联网为主的一整套信息技术,包括移动互联网、云计算、大数据等,与传统经济社会各行业的结合。这一整套信息技术已然渗透到社会生活的方方面面,对人类的生产、生活产生了巨大而深远的影响。

高等职业教育的建立、发展与变革在很大程度上得益于工业革命。在"互联网+"战略的推动下,工业生产制造车间正在发生着巨大的变化,数据化、智能化、信息化将是未来生产制造车间的主流技术。这些技术必然会对未来的从业人员提出更高的要求。因此,高等职业教育应主动适应"互联网+"条件下的人才需求,积极探索"互联网+高等职业教育"的现实可能,使现代信息技术深度融入各个专业,培养出符合"互联网+"产业链要求的高端技能应用型人才。

二、"互联网+高等职业教育"的改革

(一)教育模式的变革

如今,职业教育模式较传统的教育模式已经有了很大的改变。学生有时围坐在一起讨论课题,为完成某一项目任务进行小组合作,教师从旁协助指导,课堂也不再固定于某一具体的教室,有可能就在生产一线。"互联网+"时代,网络教学系统、网络教学平台、网络教学软件、网络教学视频等纷纷涌现,不仅催生了新的教学理念,还改变了传统的课堂教学手段,甚至连传统的课堂组织形式都发生了革命性的变化。翻转课堂就颠覆了传统的教与学的顺序,而网络上的互动交流则打破了传统课堂的时空局限。互联网正在改变知识生产与传

播的方式，同时也在重新定义职业教育学校与教师、教师与学生的关系。

"互联网+"时代，高职教师的工作地点不再局限于学校，可能是在家里，也可能是在企业一线，甚至有可能是在异国他乡，因为老师已经事先制作好了同步的网络课程，或者老师就在异地、在岗位一线通过网络直接授课，教学活动不再局限于校园的物理空间内，学校更多的是在发挥管理和支持功能。

"互联网+"时代，教师和学生的关系也与传统不同。传统的教学中，教师是权威发布者，上课内容是教师说了算，教师的大纲、中心思想、教学方法以教学考核为标准，而这些标准的制定又是以学生的平均情况为制作依据的，因而很少关注少数学生的个性化需求。互联网形式的教学中，教师将改变传统的手把手教学方式，而是把更多的时间和空间让给学生思考。通过线上线下的互动，学生可以直接评价教师讲课的质量，并提出建议，给老师留言，教师则可以根据学生的反馈了解学生的知识掌握情况，合理调整教学进度，改善教学方法。可以说，"互联网+教育"可以在很大程度上实现了教学相长。

（二）教育决策的变革

"互联网+"时代，教育决策者们除了个人经验、常识之外，还可以依赖网络生成的大数据来进行决策。互联网上海量教育资源因为各种不同的应用会产生大量的数据。随着技术的不断进步，我们获取和解释数据的能力也在不断地提升。通过先进的计算手法，对这些大数据进行挖掘分析，我们可以很便捷地从中提炼出很多有用的信息，并用以进一步指导实践，教育决策也会更加趋于理性科学。

（三）教育评价的变革

在传统的教育评价机制中，教师往往依据经验或者考试成绩对学生的学习表现进行评定，给出相应的分数或等级，这种评价往往反映的是学习的结果，而不是学习的过程。在传统的评价机制中，教师很少评价自己，虽然学校现在也会组织专门的机构、人员甚至学生对教师的教学表现进行评价，但这种评价也同样具有很多的主观色彩。无论是同行评议还是学生评教，往往都带有个人的喜好成分，甚至有时候出于人情考虑给出虚假的评议结果，这些都不能够真正反映教师真实的教学表现，教师也无法从中获取建设性意见，无法实现自我提升。随着职业教育教学改革的逐步推进，高等职业教育的教学评价机制中已经在尝试引入社会评价。基于高职院校工学结合的特点，在评价主体中引入用人单位，这无疑是很有建设性的，对于高职院校的人才培养工作具有很大的意义。在新的评价机制中，评价主体是多样性的，且都具有双回路反馈的特点。

教师评价学生、企业，企业评价学生、教师，学生评价教师、企业。教师、学生、企业都可以通过相互之间的评价获得提升。这一体系显然较以前的教师单方面评价学生有很大的进步，但也有显而易见的缺憾，那就是评价的主体数量是很有限的，评价体系是相对封闭的，由有限数据得出的结果与真实情况之间的偏离难以规避。但在"互联网+"时代，互联网的开放边界能使教育评价体系突破原有的封闭属性而走向开放自由。评价主体的多样性和丰富性将有着明显的提升，评价结果将更加的科学。

（四）教育资源的变革

"互联网+"为加快推进资源开发与整合，缩小校际和区域资源配置差距，扩大优质资源覆盖面，提供了新的可能。

一是不同类型资源的整合。在高职教育中，教室、实训室、实习岗位是主要的学习场所，但这些场所在空间上是相互独立的，而且在这些教学场所中资源的组织与应用也倾向于相互独立。教室主要通过传统教学手段辅之以多媒体设施进行理论教学，实训室主要通过专业设备进行技能教学，工作岗位则主要借用企业的生产设施和办公环境进行实践教学。这三者所隶属的主体还不尽相同，工作岗位是由社会企事业单位提供的，教室、实训室虽然主要由学校提供，但在学校里这两者也可能分属不同的部门主管。这种相互独立的关系在一定程度上制约了资源利用效益的最大化。在"互联网+时代，可利用互联网相关技术，如远程音视频"实时传输以及电视电话会议系统等，集实际工厂、仿真实训环境和理论教学于同一课堂，将课堂理论知识实时应用于仿真实训实训室实训以及实际工作岗位操作中的各个环节上。同时，指导教师可实时同步把控和指导学生的技能操作。基于互联网技术的这种资源整合可以充分发挥不同资源在学生学习过程中的效用，学生在掌握理论知识的同时更能将其应用于实验和实际操作，这对提高高职学生的岗位适应性无疑是有帮助的。

二是分属不同主体的资源的整合利用。"互联网+"时代，各种社会力量的介入使分散于各处的零星信息被整合成众多的数据资源平台。这些资源平台使得优质信息资源能够为不同地域的学习者获取，缩小了学习者们知识技能的差异，最大限度地实现了教育公平。

"互联网+"时代带来了分享时代，分享将成为2016年以及未来相当长时期内中国互联网发展的一个主旋律。高等职业教育也将会受到深远影响。这一点，在今后相当长的一段时间，多么强调，都不为过。

第二节 慕课与高等职业教育

"互联网+教育"是我国"互联网+"行动计划应有的最为基本的组成部分之一。在我国高等教育领域，互联网与教育的融合已经历了远程教育、网络辅助教学、网络视频公开课教学等阶段，而被人们称作"印刷术发明以来教育最大的革新"的慕课（MOOC）教育教学模式的兴起，又给高等教育改革和发展带来了新的机遇和挑战。在高等职业教育发展过程中，高职院校应当主动迎接慕课浪潮带来的新机遇，加强慕课建设和应用，推动学校课程教学的改革和人才培养模式的创新，从而提高高等职业教育人才的培养质量。

一、慕课（MOOC）的兴起及其在我国的迅速发展

慕课（MOOC）是英文"Massive Open Online Course"的首字母缩写，意即"大规模开放在线课程"，是一种将学习资源和网络资源有机综合起来的新型教育模式和课程开发模式。"大规模"是指学生规模巨大，远远超过传统课程选课学生的数量；"开放"是指慕课打破了地域、国界的限制，以兴趣为导向，其课程和教学资源向所有人开放；"在线"是指课程教学环节主要通过网络实现，以云计算、大数据和移动互联网等新技术为技术基础；"课程"是指不仅指课程资源，也包括整个教学过程以及师生间的交互过程。慕课不仅以新的网络技术为基础"翻转"了传统的课堂教学模式，更为重要的在于它变革了传统教育理念，以实现"任何人、在任何时间、任何地方能学到任何知识"的教育目标为己任。由此，人们把慕课普遍地评价为一种以网络技术革命为基础的，有利于解决教育的公平性、共享性和终身性问题的创新教育模式。有在线教育业内专家认为：慕课将是"一场人人受益的教育革命"。

慕课起源于美国的几所顶尖高校。2011年秋，斯坦福大学的塞巴斯蒂安·斯

伦教授等将一门"人工智能导论"课程免费放到网上,很快就吸引了世界各地的 16 万学习者参与课程的学习。受此启发,他于 2012 年 2 月与另外两位教授联合创办了 edacity 这一营利性的 MOOC 教育平台。2012 年 3 月,斯坦福大学的计算机教授吴恩达和达芙妮·科勒联合创办的 coursers 营利性 MOOC 平台正式上线。到 2012 年秋,由美国麻省理工学院和哈佛大学联合创办的非营利性 MOOC 教育平台 edX 亦正式上线。由此形成了慕课教育的"三大巨头",并推动了慕课在英国、德国、欧盟、法国、日本、印度等国家和地区的迅速发展。

2013 年,我国开始涌现慕课建设热潮。2013 年 5 月,清华大学、香港大学和香港科技大学正式加盟 edX;2013 年 12 月,清华大学"学堂在线"慕课教育平台正式上线,推出了"电路原理""中国建筑史"等一批慕课课程。2013 年 5 月,北京大学加入 edX,此后又加入了 coursers,在该两个平台上各推出了一批慕课课程,并且还计划将在 5 年内建设 100 门网络开放课程。2013 年 7 月,上海交通大学、复旦大学与 coursers 建立了合作伙伴关系,成为加盟 coursers 的首批中国内地高校。2013 年 10 月,上海交通大学、西安交通大学、西南交通大学、北京交通大学、台湾新竹交通大学等海峡两岸的 5 所交通大学联合成立了 want 育网平台,并推出了一批技术和人文课程。除高校之外,我国一批商业网站大规模介入 MOOC 市场,推出了各类慕课课程或慕课平台。如网易公开课与 coursers 开展全面合作,优酷教育与 edacity 达成合作,果壳网旗下建立了 MOOC 学院等等。慕课的兴起,开启了人们对数字化、网络化时代教育教学改革新的认识和新的探索。

二、高职教育需要主动把握"慕课革命"带来的教育教学方式改革的新机遇

目前,在线教育在我国仍然处于起步阶段,慕课的建设和应用还缺乏必要的教育体制和人才评价体系的支持,慕课运用的效果也不尽如人意。因此,对

于高校开展慕课建设,既有人赞同,也有人质疑。面对网络与教育相融合的发展趋势,高职教育需要以规范管理、注重质量为基础,积极推动慕课的建设和应用,主动把握"慕课革命"带来的教育教学改革的新机遇。

首先,探索慕课的建设和应用,是高职教育适应信息网络时代教育教学方式变革的需要。据中国互联网络信息中心(CNNIC)2015年7月发布的《第36次中国互联网络发展状况统计报告》,截至2015年6月,我国网民规模已达6.68亿,手机网民规模已达5.94亿,互联网普及率为48.8%;我国网民以10~39岁年龄段为主要群体,比例达到78.4%,其中,20~29岁年龄段网民的比例为31.4%,在整体网民中的占比最大;互联网对个人生活方式的影响进一步深化,从基于信息获取和沟通娱乐需求的个性化应用,发展到与医疗、教育等深度融合的民生服务。从这些数据当中可见,当代,数字化、网络化浪潮或"第三次工业革命"的兴起,已经极大地改变了社会的生产方式、人们的生活方式和学习方式,"数字化生存"成为人们尤其是年青一代的生存方式之一。互联网生活所蕴含的网络文化观念及其行为方式,必然对网络教育方式和学生的思维方式、学习方式产生重要的影响,而开放、连接、民主、交互、共享、创新、多样化、个性化等特性,正是慕课的课程教育教学模式所具备的符合数字化、网络化时代发展趋势的基本特征。从在线教育发展的实际看,我国职业在线教育的市场规模发展迅速,从2010年的128.7亿元增长到了2014年的257.0亿元,且据相关机构的预测仍将保持快速发展的势头。从人们对在线教育的认同和期待看,2013—2014年中国在线教育的一份网络调查报告显示,已有66.3%的受访者认可在线学习的方式。所以,由传统的学校教育教学方式向网络教育教学方式的延伸和部分转型,是网络时代发展的必然趋势。面对数字化、网络化带来的教育教学变革浪潮,高职教育需要在慕课教育教学方面做出积极的探索和有益的创新。

其次,探索慕课的建设和应用,更是数字化、网络化时代高职教育提高人才培养质量的需要。我国高等教育自20世纪末扩大招生规模以来，普通大学本专科和高等职业教育的年招生人数急剧扩大，上千万的青年学子进入高等教育学堂。目前我国实际上已经进入高等教育大众化的阶段，在我国高等教育的人才培养结构中，高职教育的发展承担着培养适应经济、社会、市场发展的实用型的高级职业人才的任务。1999年，《国务院批转教育部面向21世纪教育振兴行动计划的通知》指出："高等职业教育必须面向地区经济建设和社会发展，适应就业市场的实际需要，培养生产、服务、管理第一线需要的实用人才，真正办出特色。"这就明确高职教育人才培养的定位，包括：

（1）市场定位：高职教育人才培养要立足区域经济建设和社会发展，适应就业市场的需要，培养受到市场认可的实用型、应用型、复合型的人才；

（2）能力培养定位：高职教育的宗旨是要使学生在校学习期间就具备适应某种职业所必需的实际工作能力，这就需要培养学生实际动手的能力和适应职业的能力，在某种程度上也要求对学生进行个性化教育，使每个学生根据自己的兴趣和职业发展需要选择不同的专业、学习不同的课程，同时还需要培养学生的创业技能；

（3）产学结合的定位：高职教育的人才培养目标要求教育教学过程应实现产学结合，体现为企业参与教育教学、学生参与社会实践和工作实践的过程；

（4）终身学习的定位：使知识学习生活化，把职业教育贯穿于人的一生之中。

针对职业教育的特征和发展状况，有专家指出，中国发展慕课，应以职业教育（高职教育是其主要构成部分之一）优先。我国高职教育开展慕课建设和应用慕课，对于高职人才的培养，主要具有以下几个方面的优势：

其一，可以共享优质教育资源。慕课的教育教学模式最突出的特点之一就是开放和共享。通过建立高职教育慕课平台，学生可能分享到各校甚至各企业优秀的老师和优秀的专家开设的优质课程，同时可以分享优质的课程教学网络资源。

其二，有利于培养学生自主学习的学习方式，并给学生提供更多的个性化学习选择。慕课的教学打破了教师讲授、学生学习的传统课堂讲授的教学模式，学习过程中学生以兴趣、问题为导向、以自主学习为基础，由此进一步通过参与整个师生互动的教学过程完成课程学习，这有利于培养学生自主学习的习惯和学习能力；同时，慕课课程资源的多样性、丰富性，也可以给学生提供广泛的课程学习选择空间，从而有利于满足学生个性化发展的需求。

其三，可以部分地解决高职教育师资队伍不足的问题。据有关部门统计，我国现有的 1 000 多所高职院校中，至少还缺 40 万职业教育教师。通过慕课平台建设和优质课程资源共享，不仅可以弥补高职教育师资队伍的不足，而且还可以使学生得到优秀教师和优秀教学团队的课程学习指导。

其四，有利于学生学习实际工作的经验。

现阶段高职院校学生参与社会实践或工作实践，存在的主要问题在于：一是愿意接纳学生实习的企业较少，二是一些企业让实习学生从事简单的生产劳动，很难达到产学结合的职业教育目的。高职院校进行慕课建设，可以开发由部分企业优秀工作者及其工作团队承担的慕课课程，全面地向学生展现技术、工艺或职业实践的内容和要求；同时，还可以通过建构 O2O 的教学方式，通过职业教师团队线上线下相结合的辅导，让学生受到深入的职业教育训练。

其五，慕课的开放性可以产生良好的知识溢出效应，慕课向社会在线公开，有利于毕业学生和其他社会公众终身的职业知识学习。

三、对于高职院校慕课建设和应用的几点建议

高职院校如何开展慕课建设和应用慕课？这应当依据高职教育的人才培养目标和学生面向市场的需要、高职教育发展的状况和教育教学改革的要求，以及慕课发展的现状和发展趋势来设计和实施。这里，提出几点建议。

首先，在慕课的建设方面，高职院校可以通过相关教育主管部门的指导和协调，建立多校联合建设的慕课平台，并积极开发适应高职教育人才培养需要的慕课课程。目前公开的慕课平台大多由各名校或名校联盟开发，其大多数专业课程主要针对普通本科学生学习的需要，学科门类较单一，层次上也不完全符合高职教育人才培养的需要。因此，各高职院校有必要合作建设高职教育的慕课平台。各院校可以根据自身职业教育方向的特色，整合优质的教师和其他教学资源，设计和开发符合职业教育学习的专业慕课课程；同时，还可邀请学生实习基地企业的专业人员参与开发实习、实验或实践的慕课课程，以进一步整合企业的优质教育教学资源。在高职教育慕课平台的学习评价方面，各院校应制定相关的课程学习、考核管理办法，鼓励学生参与慕课平台的课程学习，互认学生选修跨校慕课课程结业的学分，给学生依托高职教育慕课平台开展个性化学习提供一定的自主选择空间。

其次，在慕课的引进和应用方面，高职院校可以通过考察和评估，积极引进现有各高校及其联盟已经开发上线的相对适用于高职教育的基础课程、技术工艺课程和人文通识课程，通过在线学习，加强学生对专业基础理论的把握、对技术和工艺的了解、对创新创业的认识，并培养学生对人文知识的浓厚兴趣，在提高学生实际应用的能力的同时，重视培养学生的人文精神和综合素质。对于慕课引进和应用，在教学过程设计、教学评价管理方面，可以区分两种基本情况：一是对于学校统一引进并向学生公开提供的慕课课程，可以组织学生资愿报名、自主在线修课，再由本校组织本地教师课程团队与学生进行面对面的辅导、研讨，通过网上考核和线下考核相结合的方式对学生的学习情况进行评价；二是在人才培养方案中给出一定的课程学习学分比例，允许学生在国内各大慕课平台上选修自己喜欢的其他高校开发的课程，学校按照培养方案的规定，通过认证学生修课所获得的课程结业证书承认学生的课程学习学分。

再次，在慕课师资队伍或教学团队的培育方面，要注重建设好三支团队：一是要建设好慕课课程开发的团队。慕课课程的制作，需要有影响力的教学名师的参与，也需要培育慕课课程制作团队，慕课教学资源的开发、课程内容和教学资源的更新，需要有不同的专业人员、教师组成的课程开发团队付出艰辛的持续的努力。二是要建设好慕课辅导教师的团队。虽然慕课的主要教学环节大多在网上完成，但要使慕课教学取得好的效果，尤其是发挥其育人的功能，仍然脱离不了优秀的教学团队于线上线下对学生开展的沟通、交流和引导。脱离了这种师生之间课程教学的交互性，那么也就丧失了慕课不同于一般网络教学的基本特征。所以，在慕课建设和引进的过程中，学校应当高度注重对各慕课教学团队的培育，肯定他们的辛勤劳动。三是要注重企业职业教师慕课团队的建设。学校应当高度重视企业职业教师在高职教育人才培养中的重要作用，积极吸收他们参与到高职教育慕课课程的建设中，把他们的技术、工艺和工作实践经验转化为慕课课程的丰富内容，并融入他们在线上线下给予的学生实际的指导。

最后，慕课是一种新事物，其建设和应用必然会涉及高职院校教育教学管理体制上的探索和创新。其一，学校要把握在线教育发展的时代潮流，关注慕课建设和应用对高职教育教学改革工作带来的新机遇，加大对高职教育慕课建设和应用的人力、物力和经费的投入，并通过慕课建设推动学校的教学方式和方法的改革。其二，学校可以根据慕课建设和应用的实际，论证和调整人才培养方案，按一定比例设计和规定人才培养方案中慕课学习的学分，鼓励学生参与慕课的学习，制定学生参与慕课学习的教学评价办法。同时，还需要完善教师参与慕课建设和应用的教学工作绩效评价机制。其三，各高职院校要以开放的态度兼容校际教学评价体系和教学管理体系的差异，对于课程质量评价优良的慕课课程，应当建立不同院校之间的慕课课程学分互认机制，还可以通过高职教育慕课平台，探索跨校联合辅修专业的人才培养模式。由此，为各院校之间共享优质教育教学资源提供管理体制上的条件。

第三节 虚拟现实技术与高等职业教育

一、虚拟现实系统分类

按照虚拟现实技术的"沉浸"程度,可将虚拟现实系统大体分为三类:

①桌面虚拟现实系统,也称窗口中的 VR,主要用于制图、建筑设计、教学等领域;本节中主要论述的虚拟现实系统主要指此种类型。该系统利用头盔显示器使用户能够在一个封闭的环境中体验到虚拟现实系统带来的视觉和听觉等身临其境的真实感,这是一种比较理想和高级的接近完全的虚拟体验。②分布式虚拟现实系统,建立在前面提到的沉浸式虚拟现实系统和分布式交互技术的基础上,此种系统通过计算机网络,将多用户或者多个虚拟现实系统连接在一起,让现实世界中处于不同位置的用户能够实现信息的共享和用户之间的互动,用户通过分布式虚拟现实系统除了实现信息共享,还可以针对同一虚拟世界进行观察和操作等协同工作。大大节约线下真实环境互动的成本和风险,可以广泛用于教学和训练等场景。③增强现实(Augmented Reality,简称 AR)是一种实时地计算摄影机影像的位置及角度并加上相应图像、视频、3D 建模的技术,在用户实时看到的真实世界的基础上,生成对应的叠加在真实世界之上的虚拟图像,这种技术的目标是在屏幕上把虚拟世界套在现实世界中进行互动,从而实现虚实结合的效果。

二、虚拟现实技术的基本特征

我们说虚拟现实技术有以下三个基本特征的"3I"特征:

(1)沉浸性(immersion)。又称临场感,使用者利用可穿戴的交互设备,如数字头盔和数据手套等专用设备，置身在虚拟现实环境中，与虚拟现实产生的三维立体场景进行各种交互。理想的虚拟现实环境应该让使用者产生身临其境的真实感受，就如同用户在虚拟现实模拟出的真实场景感觉一致，无论是听、看、移动等一切活动都如同在现实世界中的感觉。

（2）交互性（interaction）。使用者对虚拟现实场景中的事物进行操作和操作场景会给使用者以适当的反馈。虚拟现实技术的专业穿戴设备根据用户的身体各部位包括头、眼和手等的移动，来相应的动态生成声音和图形以及反馈的程度，用户采用与真实世界中相同的反应和动作，来操作虚拟场景中的对象，实现对虚拟场景中事物的操作和互动。比如当用户抓住虚拟现实场景中的物体的时候，能够感受到握住物体的感觉和物体的重量；当用户移动时，虚拟场景的事物会根据用户所处位置和眼睛观察的角度呈现不同的图像，产生与真实世界一致的效果。

（3）构想性（imagination）。虚拟现实技术不仅是为使用者展示虚拟场景的媒介，更是一个体现开发者设计思维的开发设计工具。利用虚拟现实技术，不仅可以模拟现实世界中存在的场景，还可以创造出现实世界中不存在的甚至没发生过的场景。设计者利用自己的想象力，构思出自己想要的各种环境，之后将设计者的思想以视觉形式展示给用户。例如设计一座建筑，专业的设计师会从专业角度构图，画出很多图纸和效果图，但是普通用户无法理解这些专业的材料，通过虚拟现实技术，将设计师的构思转化成看得见的虚拟环境，用户通过可穿戴设备可以完美地体会到对建筑的外观和内部构造的直观感受，这样可以大大提高人们规划和设计的效果和质量。

三、虚拟现实技术在职业教育中的应用优点

未来职业教育发展的趋势可以说会有大量的虚拟现实技术的广泛应用，而

成本相对来说并不是特别高，在职业教育中虚拟现实的应用优势主要体现在以下几方面：

（一）节约教育经费

与购买真实设备相比，虚拟现实设备的成本相对低廉，而且可以重复使用且不会产生新的成本和费用，可以节约多种实验所用的原材料。

（二）重复实验，提高技能

在虚拟现实技术实现的实验环境下，学生可以反复进行各种技能练习，如汽车驾驶技能，电气维修技能和体育训练等。通过反复的练习，直到学生完全掌握动作或操作要领，而不会在练习过程中受到意外的伤害和损失，如在虚拟现实创造的动车驾驶模拟训练系统中，学生反复操作控制设备，对于遇到的各种问题，系统通过回退来让训练者反复强化训练，纠正操作过程中出现的失误，通过反复训练，达到熟练掌握驾驶技术的目的。

随着新课程改革地不断深入，我国实践教学的开展在教学活动中发挥了重要作用，对学生理解与掌握有关理论知识和技能具有重要意义。然而从我国实践教学发展现状来看，在我国当前高等职业教育实践教学中，教育条件具有一定局限性，不仅给学生亲自动手操作能力与创新能力的培养带来影响，还打击了学生学习的热情与积极性，导致实践教学效果十分不理想。而虚拟现实技术是一种通过三维图形生成技术、高分辨率显示技术以及多传感交互技术，形成三维逼真的虚拟空间，只要用户将特殊头盔与数据手套戴上，然后借助键盘与鼠标，即可进入到虚拟环境中进行交互操作，以获得亲身体验。

四、虚拟现实技术对高等职业教育实践教学的促进作用

（一）降低办学成本，有效解决实践费用高的问题

我国高等职业教育面临的问题是课堂人数较多、实践教学的设备不充足、学校投入实践教学设备的资金有限，难以发挥实践教学效用，从而降低了教学

效率。具体可从以下几方面进行分析：①实践教学设备的单价较高，结构复杂，购买后需要投入的维修成本相对较高，增加了设备采购资金。②实践教学设备不充足，无法接触更多的先进学习设备，加上课堂人数较多，提高已有设备的使用效率，并且在使用过程中没有得到及时维修与保养，出现"设备越少，损坏越严重"的恶性循环的现象，导致大部分实践教学课堂被迫放弃，实践教学质量得不到保障。而虚拟现实技术的应用，可创设形象逼真的学习情境，让学生按照设计的教学任务，自由操作，重复练习，加深对理论知识的理解，提升操作技能。由于虚拟的教学环境能够进行多次演练，实践教学设备不仅没有物理上的损坏，也没有原材料上的消耗，降低了办学成本，有效解决实践费用高的问题。

（二）丰富教学资源，提升实践教学效率

在实践教学中应用虚拟现实技术，教师可按照教学内容与学生个体发展需求，将各种现代化信息技术的教学资源纳入实践教学活动中，创设相应的模拟情境，丰富实践教学内容，以拓宽学生的学习视野。除此之外，教师还可通过虚拟环境，让抽象知识内容变得更加生动、形象，以化解教学重点与难点，方便学生快速记忆，从而达到提升实践教学效率的目的。

（三）转变教学模式，实现现代化教学

虚拟现实技术作为一种效果逼真的仿真技术，能够打破传统教育教学的时间与空间上的界限，实现人机交互，激发学生学习的热情与兴趣，让学生积极参与到教学活动中，从而提升实践教学效率。除此之外，还可方便教师与学生之间的沟通交流，培养学生团结合作能力与语言表达能力。

五、虚拟现实技术在高等职业教育实践教学的应用措施

（一）通过仿真训练，让学生随心所欲学习

在教育实践教学中，运用虚拟现实技术，能够创设一个形象逼真的人机交

互的模拟教学情境,不仅能够激发学生学习兴趣,让学生随心所欲学习,还能将教学的重点与难点纳入模拟环境中,做仿真训练,培养学生操作技能,提升他们的自我训练意识与创新能力。例如在电气工程实践教学过程中,出于头盔显示器、数据衣以及数据手套等设备成本投入过高、学生人数较多、使用较为频繁,一旦发生故障,难以及时进行维护。这时教师可在虚拟演示实训基地开展虚拟现实和半实物仿真的实践教学活动,通过虚实结合方式来制作课件,由各种接触器、继电器、开关、电动机与控制设备面板等实际教学设备组成控制台,利用计算机模拟电气工程的控制过程与逐层拆卸所观察到的360°浏览效果,并借助投影眼镜或者是显示屏将运行原理、方式等展示出来,让学生根据设计教学任务进行操作,在仿真训练中,了解掌握有关的知识理论与操作技能。除此之外,在虚拟的实践教学环境中学生还可放心大胆地制作各种危险试验或者是人体试验。通过这样的教学方式,不仅能够缩短学生锻炼时间,还可获得直观、形象逼真的学习效果,从而激发学生的学习兴趣。

(二)通过虚拟现实技术,培养学生实践能力

对于高等职业教育实践而言,利用实验仪器的结构、原理和使用,对教学内容的重点与难点进行演绎,能够加深学生对理论知识的理解与记忆。对于专业方面的实践课程而言,教学的目标是培养学生的动手操作能力。而传统实践教学的专业实训课程所配备的设备结构复杂、价格昂贵,并且设备使用频率较高,极易导致设备出现非正常损耗。加上部分实践教学的专业实训操作具有危险性,明显存在设备更新速度落后于技术发展速度的劣势,难以达到实践教学目的。而应用虚拟现实技术,不仅能够降低成本投入,保持教学设备设施实时更新,还可保护昂贵的教学设备,降低失误操作带来的危险,提升学生实践操作能力。比如在Multisim2001软件为工具的电子线路仿真的实践教学过程中,教师可在虚拟教学基地进行教学,让学生通过对设备按钮、电气开关以及电器元件进行仿真操作,搭建各种电路,并通过试验来监测电路故障,提升学生分析

问题、解决问题能力。又如在化学的实践教学过程中,教师可通过虚拟现实技术来模拟一个三维实习实验环境,将化学实验的操作过程、操作内容以及现象纳入模拟的教学活动中,调动学生的主观能动性,让学生通过模拟实验进行操作,享受化学实验带来的体验与成就感。通过这样的方式不仅能够让学生将所学知识应用到实践教学活动中,提升实践能力,还可避免化学产生燃烧所带来的爆炸、火灾与毒气等危害,从而让学生放心操作。

(三)营造模拟教学气氛,丰富教学资源

随着新课程改革不断深入,传统的以教师为中心的课堂讲解模式已经无法满足学生的学习需求,部分高等职业学校开始设立银行、股市、超市、人力资源开发、财务以及电子商务等虚拟经济环境。因此,在进行实践教学过程中,教师可将虚拟现实实际与传统课堂教学模式有机结合起来,营造模拟教学环境,丰富课堂教学资源,以提高课堂教学效率。例如在财经类的实践教学过程中,教师可通过虚拟银行的客户账务管理系统,建立一个商品数字模型,让学生在网上对虚拟世界的商品进行访问,对商品做市场调查,利用虚拟货币来购买商品,享受购买商品的过程。除此之外,还可模拟企业生产经营模式,营造一个良好的模拟教学氛围,让学生灵活运用市场营销、人力资源管理以及财务管理等所学知识理论来规划企业经济发展的战略方针与管理模式,实现理论与实际有机结合。又如在旅游专业的实践教学过程中,可通过虚拟现实技术模拟旅游景点,以现实世界的数据为依据,通过三维图形将教学内容与旅游景区的特点融入教学情境中,建立一个仿真旅游模型,然后借助投影设备将形成的仿真三维物体播放出来,让学生戴上头盔式显示器、立体眼镜进行观看,体验到平面显示器无法看到的物体信息。然后在通过不佩戴任何辅助工具的情况下,比较前后观看的视觉效果,以形成一个仿真的立体三维图形,体验身临其境的感官效果,实现教与学。

综上所述,本节通过对虚拟现实技术在高等职业教育实践教学中的重要性

进行分析，有利于丰富教学资源、提升实践教学效率、转变教学模式，实现现代化教学与激发学生学习潜能，提升教学效果。但是在实际教学过程中，要想提升课堂教学质量，实现教与学，还应充分发挥虚拟现实技术在实践教学的作用，通过仿真训练，营造模拟教学气氛，丰富课堂教学资源，让学生放心大胆、随心所欲进行学习，加深学生对理论知识的理解与记忆，提高学生实践操作能力与创新意识，从而培养出适应社会工作岗位需求的高素质应用型人才。

第四节　大数据与高等职业教育

高等职业教育是培养技术人才的重地，发展职业教育有利于促进教育水平的提升，在大数据时代背景下，培养学生信息及应用能力提高学生数据发现与挖掘潜力已经成为我国高等职业教育培养的目标。本节针对大数据在高等职业教育应用现状，分析大数据在高等职业教育的应用途径。

大数据已经广泛应用到了生活中，在医疗、金融、媒体等行业均有涉及，对于教育领域来讲，大数据也可以在教育界有所成就。近年来大数据在我国快速发展，各种教育模式不断兴起，利用大数据平台进一步发展高等职业教育，服务于未来社会。

一、大数据给职业教育带来新的机遇

之前有人提出了大数据的几个观点：首先大数据的使用是一个非结构化的数据，并不是精确的大量复杂数据，其次大数据讲的是数据之间的联系，而不是倾向于两者之间存在的某种必然的关系，最后大数据不是数字化，大数据考量的是总体并不是样本。他提出的这些观点为职业教育应用大数据提供了新的理念。

随着互联网广泛应用在各行各业，各种有实效性的数据都能采集，并且这些数据的采集给职业教育带来快速发展。从实践理论方面讲，发展职业教育新方向就是要从传统的抽样数据转换为数据更加稠密的新方法，从而根据数据信息采集的改革有效地开展高职教育事业的研究。

二、大数据在职业教育中的现状和问题

（一）大数据在职业教育研究中的现状

目前我国大数据在高等职业中主要是对数据的管理和建设还有数据环境的建设这方面进行应用研究，大数据在高等职业教育中蕴含了教育新理念和治理新模式整合治理等。从 2013 年起国内教育领域就有在大数据下促进教育改革和创新发展的热浪，也因此大数据迅速发展，主要体现在研究论文数量和质量逐渐增多，2014 年教育工作又指出加强对决策应用和教育预测的整合，推动教育基础在全国共享，2015 年教育部指出要主动适应大数据时代的发展，要增加网络数据的分析为高等职业教育的新方向。推动了我国高职教育的快速发展同时加快大数据在高等职业教育的融合，也是未来教育事业发展必然的趋势。

（二）大数据在职业教育应用中存在的问题

大数据对学生能力测评不够充分，现我国高等职业教育学校对学生的测评一般都是以学生毕业证明为主，而对学生能力的测评就主要是根据学生学生成绩来衡量。学生对于自身成长过程中自我认识不够透彻，对未来自身职业规划没有主见，同时学校对学生将来的发展和对人才培养的方案数据管理机制不够完善，学校在校时的能力测评是对未来发展的一个预测，如果学校不及时制定相关的管理机制，就无法掌握学生的情况，而无法对学生的能力进行测评，当前我国许多学校基于大数据为技术在日常生活中的应用少之又少，比如对教材的改革编制、实训室的建设等方面还有待提高，尤其是将来高职生要面向社会，面对不同的工作岗位，因此对不同的职业活动认知能力也不同，尤其将来可能面对与人接触的行业，对于认知能力的要求更加严格，所以学生也要不断地积累更广的数据资源，同时学校还应该鼓励学生进行模拟实践，提升学生的认知水平，以便将来面临工作岗位时有较大的升职空间。

大数据在高等职业教学课程的开发中还有一定的扩展空间，课程不

仅仅是学校教师的理论教育，也不仅仅是一些相关专业和教授对这门课程的讲述，对于这些课程有可能出现在职业活动中比较重要但是却遗漏了的，但是又不能通过语言文字言传的知识，同时也有可能会影响职业活动的绩效考核等原因。通过记录学生在实际工作地点的数据，然后经过学校相关教师的反复审查到最后修订成册，这样可以有效地提升课程的质量。

三、大数据在职业教育中的应用

（一）职业教育的大数据理念

职业教育不仅仅是扩大数据统计，满足大数据"海量"的需求，而是应该根据大数据，将开发程序和开发结果彻底改变。大数据之所以大，是因为它的海量并且大数据多样化，这些显著特征都使其在职业教育中锦上添花。传统的教育模式以知识传播为主，而当前的这种教育模式着重点在于技能传授，目前大数据在高等职业教育的应用中还属于探索阶段，还有着很大的改善空间，所以，新形势下除了对知识点的数据进行收集还应该对学生掌握知识点的情况进行采集，新型职业教育应该以情境教学为主，以学生工作场所为主体也就是实地学习，教师在进行情境教学过程中应该全面地记录学生的各个数据，还要有相对大的储存空间将这些数据进行存贮，并且还要有相关人员对这些数据进行运算、处理。对于职业教育首先在理论上应该明确，采用专业的数据采集工具对实地学习的数据进行记录，之后将采集的数据进行分析、整合，将数据处理之后勾勒出相应的模型，使大数据工具在职业教育中发挥其作用。这就要求职业教育工作从相关制定者到实践者最后到教育者都要认同大数据，并积极参与到大数据中来，让大数据成为推进职业教育的有效工具。

职业教育客体数据主要来源于学生，教育数据的采集为学校进行人才培养提供了依据。现在我国高等职业学校还是集中在于学生过程培养的数据收集和统计，而培养过程中的数据采集相对容易但是不够客观，对比数据研究也不够充分，对于学生以后就业和人才质量评估都不完全。数据向后延伸是改进培养质量必不可少的一部分，对于向后延伸实质是比较困难的，由于学生自控力不够强，有的学生厌倦了学校的管理想急于脱离学校，一般学校对于毕业生的数据统计都来源于对学校、学习有兴趣的学生，而对于前者急于毕业的学生的数据统计来源对于学校而言是一个很大的挑战，所以应该在教学中形成职业认同感，使毕业生积极配合。

（二）改变职业教育统计口径类的大数据

职业教育中统计大数据的口径主要来源于高等职业教育的主体数据和客体数据。我国许多高等职业教育学校对于这一类数据的统计不够专业也还不够全面，笔者建议应该将数据统计朝着更大目标、方向进行发展。所以，想要改变职业教育统计口径类大数据，首先要打破约束和限制，将统计口径扩大，同时将民办和人力资源保障部门的培训机构纳入其中。统计口径得到改善后，根据研究进一步细化。

四、大数据在职业教育教与学方法中的应用策略

大数据在职业教育中应用是建立在职业教育的需求上的大数据储存库，在这个基础上开发现实与虚拟技术，改进现有的教材，随着时代的不断进步，科学技术的更新换代，需要研发虚拟与现实相结合的教学方式，有效地改善传统教学中效率过低授课波及范围较小的问题，学校可以适当地建立一些模拟实训室，大大降低训练中的材料耗费成本，实训室可以将教师的信号为动作进行模拟，使学生对教学产生兴趣，同时又能改善传统教师授课单一的问题，也使学生们更容易接受这种教学方式。

在这个信息化的时代，改善传统职业教育完全可以可以借助云计算，将手

机的资源信息库作为教学教材的载体，之后运用一些智能交互技术例如语音识别、指纹触控、眼睛识别等使大数据具有很强的交互性功能，给学生带来一种全新的体验，也正是符合当代学生的需求。对于一些生物传感类将生物传感类中安装传感器，记录整个过程的数据，将数据变成网络的接入口，把数据最终整合成数据源，同时可以将一些相关专家的观点和言行记录在智能设备上，让其变成评测学生的一种工具，还可以将一些不规范的问题及时反馈。

近几年高等职业应用大数据已经成为学生业界的热议话题，大数据的应用除了顺应时代发展以外，也为我国职业教育事业带来了很大的机遇。凡事都有两面性，大数据的应用除了给教育事业带来机遇外同时也带来了很大的挑战。所以，加强大数据在高等职业教育中的应用研究对未来教育事业改革有很深的意义。

第五节 人工智能与高等职业教育

人工智能与职业教育之间存在相辅相成的关系。分析人工智能时代背景下高等职业教育发展面临的机遇与挑战,能够为我国职业教育探索适应人工智能时代发展路径提供依据,进而实现职业教育的现代化、智能化发展目标。

当前,"人工智能"一词在学术界还没有明确统一的定义,但人们所认可的核心要素是通过某些技术手段让机器人承担以往依靠人类智慧才能完成的复杂任务。随着我国人工智能技术的快速发展,机器翻译、人脸识别、智能助理等技术逐渐成熟,广泛应用于各个领域。人工智能时代的到来使职业教育发展面临着诸多挑战。因此,在人工智能时代,职业教育发展要想抢占先机,就必须把握机遇,提前做好准备,勇敢迎接挑战。

一、人工智能与职业教育的关系

从原始社会至今,我国经历了一系列技术变革,工业4.0时期的到来解放了越来越多的劳动力,社会生产力水平的提升必将影响社会意识形态的发展。人工智能技术的出现为社会生产力的发展注入了新的动力,同时也为解放社会生产力提供了重要途径。人工智能发展带来的影响不仅体现在金融、交通、医疗、国防等多个领域,对我国教育领域的影响也不容忽视。

职业教育对我国经济社会的发展具有重要促进作用,具备较强的社会功能。从职业教育的社会功能来看,人工智能的发展对职业教育人才培养模式的变革和创新提出了新的要求,职业教育只有适应人工智能时代的变革,充分发挥自身社会价值,培养出符合当前社会现实需求的人才,才能够适应时代的发展。

二、人工智能视域下职业教育发展的历史机遇

（一）国家出台人工智能政策和战略为职业教育的发展指明了方向

目前，我国出台了一系列关于人工智能与职业教育融合发展的政策及措施，为职业教育的智能化发展提供了新的指引。在技术发展层面，国务院指出人工智能是未来信息技术发展的主要方向，必须重视人工智能技术的研发，推动经济社会技术创新，加快产业转型升级，实现人工智能与经济的融合。人才培养层面，国务院指出建设高水平、高质量的人才队伍是发展人工智能技术的重要前提，在加快培养人工智能领域复合型人才的同时，还要着力突破人工智能核心技术。在专业与课程建设层面，《"互联网+"人工智能三年行动实施方案》中指出，高校应加强人工智能相关专业的课程建设，重视人工智能与其他学科之间的交叉融合。学科建设作为职业教育的重要内容，是培养高技能人才、实现专业化教学的一个重要保证。

（二）人工智能技术的革新为职业教育的发展提供了技术支撑

目前，人工智能技术已广泛应用于教育领域，推动着职业教育"教、管、学"全方位发展，主要体现在三个方面：第一，为精准化教学提供技术基础。教师可利用数据挖掘技术掌握学生的基本信息、学习情况以及个体需求，运用数据分析技术分析学生的成绩分布以及整体需求，在此基础上综合学生数据和分析结果对教学资源进行规划，根据学生需求制定个性化的教学目标及教学方案。第二，为个性化学习提供技术基础。在掌握学生爱好、性格、认知能力等背景信息后，利用人工智能技术进行数据建模分析，为学生个性化学习方案的制订提供决策依据，此外，还能实现对学生学习情况的追踪和反馈，学生借助人工智能技术模拟实践情景便能进行实际训练。第三，为科学化管理提供技术基础。决策支持服务系统为学校实现科学化管理提供了可能，决策支持服务系统不仅能连接校园个体之间的数据，形成多级数据体系，还能对校园数据进行可视化

分析，为学校管理提供有效的决策建议。

（三）企业纷纷布局人工智能为职业教育发展提供了市场导向

我国职业教育发展是以就业为导向的，而就业与市场具有紧密联系。任何领域的市场发展越成熟，其拥有的人力资源就越雄厚，就业岗位就越丰富，市场对该领域发展的促进作用就越大。如：京东正在着力建设智慧物流；小米在智能家电方面进行了大量尝试；阿里巴巴将消费级 AI 产品作为重点研发内容。这些龙头企业对人工智能业务的拓展，在壮大国内市场的同时，为职业教育智能化发展带来了新的机遇。

三、人工智能视域下职业教育发展面临的诸多挑战

（一）人工智能背景下劳动者面临职业替代风险

随着人工智能技术的逐渐成熟，职业代替类型越来越广泛。当前，人工智能技术的应用场景涵盖了人们生活的多个领域，与自动化、信息化技术的融合能够取代多种人类劳动。同时，职业替代程度加深、周期逐渐缩短。除了一些低技能、重复性的岗位已逐渐被智能机器人取代以外，甚至复杂性更高、智慧要求更高的职位也面临着被智能机器人替代的风险。伴随着物联网、大数据、云计算技术的快速发展。人工智能与这些新兴技术的深度融合为科技水平的发展带来了重大突破，使得传统的职业技能迅速老化，职业替代周期大幅度缩短。

（二）职业教育的办学形态面临转型

目前，我国职业教育以职业院校开展全日制的职前教育为主。在人工智能时代，劳动市场中一人多岗、换岗、转岗已成为社会普遍的就业现象，人们存在多次就业需求，包括在职培训、教育培训以及转岗培训等。人们不仅能通过职业院校的教育培训获取知识和技能，还能利用网络平台学习新知识技能，掌握更全面的学习资源。职业教育应将"以人为本"作为办学理念，根据学生的发展需求构建精准、灵活、个性化、智能化的办学体系，摒弃"以教师为中心"

的传统教学理念，以学生为中心实施教育改革，创新并完善教育管理制度，表现出符合人工智能时代发展特征的办学功能及形态。

（三）职业教育人才培养模式面临改革与创新

人工智能在与数字化教育的融合过程中，掀起了一系列"智慧课堂""智慧校园"的教育变革，同时促使了职业教育内容体系与人才培养模式的创新。一方面，人工智能与职业教育的融合转变了传统的教学模式，为个性化教学和高效课堂的构建提供了技术支撑。另一方面，与传统教学模式相比，应用人工智能技术实施教学具有明显的优势，比如：制订个性化教学方案、精确分析学生特征、提供教学决策依据，不仅有利于教师因材施教，还能够实现"以学生为主体"的个性化教学。

四、人工智能视域下职业教育的发展路径

（一）优化专业结构，降低职业替代风险

人工智能技术的成熟发展衍生了一系列新兴产业，人工智能与生物技术、医疗技术、能源技术的结合又催生了新的产业链，新的产业形态下，社会对高技能、高素质的人才需求迅速增加。一方面，职业院校应构建动态调整机制，根据职业替代规律，及时优化专业结构，实施高效、灵活的专业调整机制，缓解地域人力资源市场结构性变革对职业教育造成的冲击。另一方面，职业学校要紧跟产业生产实践的发展趋势，加强人工智能相关产业的专业布局，为智能制造提供强大的人才和智力的支撑。

（二）推进产教深度融合，有效整合社会资源

第一，打造职业教育集团。加强企业与学校的交流合作，共同实施集团化办学，通过建立现代化职业教育集团对产教资源进行整合，促进产教深度融合，实现职业教育现代化治理。第二，打造"政府、企业、学校"三方联动发展平台，以市场化办学思路为原则，建立校企合作机制，通过创新产学研办学模式，充

分发挥企业、职业院校的人才技术作用，为职业教育智能化发展提供重要支撑。第三，应用现代学徒制培养复合型人才，引导高新技术企业建立学徒培养体系，实现理论教育和实践教育的有机统一。

（三）调整人才培养规格，重视创新能力培养

第一，大力培养学生的创新能力，创新作为推动我国经济社会发展的主要动力，创新能力的培养对于核心竞争力的形成具有重要作用。职业院校应强化创新创业教育，通过开办创新创业大赛、打造校企孵化器、开设创业课程等措施努力提升学生的创新创业能力。第二，强化对学生人文素质的培养，人文素质是培养高素质复合型人才的基石，职业院校应加强人文教育，以培养学生健全人格、高尚情操、社会责任感为教育目标，提升学生的综合素养。第三，强化"软实力"培训，职业院校应充分重视学生社交、领导以及自我管理等方面的培养，提高学生的职业迁移能力，从而帮助学生形成可持续的职业竞争优势。

参考文献

[1] 周建松,吴国平,陈正江. 创新发展高等职业教育:政策变迁与行动方略 [J]. 高等工程教育研究,2016,06:158-163.

[2] 马腾. 高等职业教育改革创新发展的历程、要素与路径选择 [J]. 职业技术教育,2016,3728:39-44.

[3] 李术蕊. 深化职业教育教学改革创新提高技术技能人才培养质量 [J]. 中国职业技术教育,2013,13:19-27.

[4] 胡开明,陈建华. 高等职业教育改革创新探讨 [J]. 职业技术,2013,02:65-66.

[5] 王涛涛,郑文. 创强争先建高地——广东高等职业教育教学改革与创新 [J]. 中国职业技术教育,2015,07:5-10.

[6] 宋彦军. 高职教育服务质量评价研究 [D]. 天津:天津大学,2009.

[7] 耿凤英. 高等职业教育教学质量评估的研究 [D]. 武汉:武汉理工大学,2004.

[8] 闫宁. 高等职业教育学生学业评价研究 [D]. 西安:陕西师范大学,2012.

[9] 吴亚平. 基于现代课程观的高职课程改革 [J]. 职教论坛,2017.06.

[10] 贾景德. 高等职业教育专业教学改革的若干问题 [J]. 教育与职业,

2016.09.

[11] 李定清. 构建高职实践教学体系的基本思路 [J]. 中国职业技术教育, 2014.08.

[12] 纪芝信. 职业技术教育学 [M]. 福州：福建教育出版社, 1995.

[13] 刘春生, 徐长发. 职业教育学 [M]. 北京：教育科学出版社, 2002.

[14] 潘竹燕. 高职院校数学教学模式创新 [J]. 黑龙江科技信息, 2010, 33.

[15] 黄炳龄. 行为导向教学法在高职实践教学中的实施与探索 [J]. 教育与职业, 2009, 26.